支付与金融市场基础设施概论

Introduction to

Payments

and

Financial Market

Infrastructures

［德］乌尔里希·宾德赛尔
［澳］乔治·潘特洛普洛斯 著

王秋豪 译

上海人民出版社

　　尽管本书引用的案例偶尔基于欧洲视角，但我们在撰写本书的过程中始终坚持两个原则：一是保持内容精炼，二是聚焦支付与金融市场基础设施的通用架构和普遍经济问题。因此，我们非常自豪能够推出中文版本，并且希望本书的内容对于中国读者同样有所借鉴。

　　从货币发展的历史来看，中国长期以来一直处于支付创新领域的前沿。纸币最早由中国发明，并在 13 世纪由马可·波罗带到欧洲。自世纪之交以来，中国的电子货币机构率先推出了移动钱包支付功能，并将其与更加广泛的金融服务相结合。中国人民银行从 2014 年开始率先推出央行数字货币项目，比瑞典央行早两年，比欧洲央行早了五年左右。

　　自从两年前本书英文版推出以来，支付与市场基础设施这一主题一直保持着惊人的活力。技术的持续快速迭代使得国内层面的支付和结算变得更快捷、更高效。但与此同时，由于国际合作难度较大，金融市场基础设施背后全球网络效应的实现面临挑战。金融稳定委员会（FSB，总部位于瑞士巴塞尔的 G20 全球标准制定机构）也不得不承认，鉴于跨境支付的效率与成本问题长期未能改善，其设定的 2027 年目标很可能难以实现。此外，从国家主权和消费者保护的角度来看，加密投资领域的迅猛发展，以及将稳定币作为全球支付手段的前景，都给市场带来了新的风险。

我们希望这本书能帮助读者理解支付与金融市场基础设施的发展脉络及政策问题。作为一类重要的经济工具，支付与金融市场基础设施有着网络效应和路径依赖等显著特征，并且可能导致持久的负面社会效应，故而既需要接受公众的持续监督，也需要相应机构的适当监管。

金融市场基础设施在现代市场经济中扮演着至关重要的角色，正如本书作者所言，现代社会几乎每一笔商品和金融交易的背后都有金融市场基础设施的身影，小到普通人的日常生活，大到金融稳定与国家安全，都离不开高效与健全的金融市场基础设施。习近平总书记曾指出：“要加快金融市场基础设施建设，稳步推进金融业关键信息基础设施国产化。”2015年修订的《国家安全法》第20条也将“加强金融基础设施和基础能力建设”作为维护国家安全的任务之一。然而，相较其重要性而言，现阶段中国对金融市场基础设施的监管却仍显不足，相应研究工作亦亟待完善。一方面，目前中国人民银行发布的《金融基础设施监督管理办法》尚处于征求意见阶段，国内制度建构以回应性的监管规章为主，存在立法空白且缺乏体系性；另一方面，伴随着金融科技对于整个金融市场带来的广泛影响，以及数字货币等新型金融业态的快速发展，金融市场基础设施正处于不断更新迭代的过程中，需要我们认真审视、理解并分析这些变化，才能更好地厘清其监管脉络，实现金融高质量发展的目标。

《支付与金融市场基础设施概论》一书由欧洲央行市场基础设施和支付总监乌尔里希·宾德赛尔以及澳大利亚纽卡斯尔大学学者乔治·潘特洛普洛斯合著，中文版由王秋豪翻译。本书为理解支付与金融市场基础设施提供了全景视角，它通过简明的图表与文字梳理了相关理论与实务，同时还结合历史脉络与前沿创新，为金融从业者、政策制定者以及学术研究者提供了宝贵参考。在阅读本书的过程中，有以下三个方面令我印象深刻。

其一，金融市场基础设施作为支撑市场经济的关键基石。尽管商品支付和证券交易已经成为普通人生活日常的一部分，但人们却很少真正理解交易的背后究竟发生了什么。本书作者是欧洲央行资深人士与高校专业学者，他们基于自身丰富的理论和实践经验，通过会计（金融账户）和法律（金融权利义务的更新与金融监管）的双重视角厘清支付活动、证券结算、衍生交易和外汇操作等具体流程，为我们揭示了金融市场基础设施究竟是如何在商品与金融交易的隐秘角落运行的。而理解金融市场基础设施的运作情况，是研究金融交易以及制定监管方案的重要起点。

其二，金融市场基础设施作为维护国家安全的重要支柱。金融市场基础设施与通信、能源、交通及水利设施类似，都属于与中国国家安全息息相关的关键基础设施之一。然而，一方面，金融市场具有复杂性与脆弱性，金融市场基础设施面临法律风险、信用风险、流动性风险及网络风险等各类问题，因此，健全的法治保障和稳定的电子系统至关重要。另一方面，近年来金融市场基础设施的"武器化"引发广泛关注，尤其是美国对伊朗和俄罗斯等国采取的各类金融制裁措施，证明过度依赖他国基础设施将会面临潜在的地缘政治风险。在本书中，作者一方面剖析了金融市场基础设施背后潜藏的各类风险，以《金融市场基础设施原则》为例探讨其监管思路；另一方面，作者通过讨论俄乌冲突背景下的外汇储备冻结措施，分析证券存管交易中的制裁和规避问题，为读者展现了金融市场基础设施在地缘政治中的重要作用。

其三，持续发展演化的金融市场基础设施背后永恒的逻辑内核。在本书的最后一章，作者讨论了加密资产、稳定币和央行数字货币的最新趋势，通过简练的语言与清晰的图表揭示了三者之间的内在关联、本质差异及底层逻辑，为读者勾勒出金融市场基础设施的未来轮廓。诚如本书作者所言，虽然金融科技的突飞猛进推动着市场基础设施持续革新，但其背后中央银行和私人支付手段之间的张力却始终未变——这种动态平衡关系，恰恰构成了货币发展史与金融监管演进的核心命题之一。整体而言，本书对金融市场基础设施历史演进和发展脉络的深刻剖析，以及对货币和支付体系未来走向的前瞻思考，能够引发读者的深思。

本书译者王秋豪现任华东政法大学国际金融法律学院特聘副研究员，他本科、硕士及博士均毕业于北京大学，具有会计和法学交叉学科背景。在华东政法大学工作期间是我的博士后，研究领域为国际金融法。在读博之前，秋豪曾在国有金融机构任职，他过往的实务经历使其对金融市场基础设施产生了兴趣。在博士后研究工作期间，秋豪参与了世界银行营商环境评估以及营商环境国家评估指标设计等工作，其中包括电子支付在内的各项金融服务指标与金融市场基础设施关联密切。整体而言，秋豪的知识背景和研究经历非常适合本书的翻译工作。希望秋豪能够以本书作为起点，持之以恒、精益求精地做好学术研究，贡献更多对社会有价值的成果。

罗培新

华东政法大学副校长、教授、博士生导师

一

　　一眼望去，本书的书名非常不吸引人，内容的技术性及其技术背后的枯燥仿佛沙漠中的热风扑面而来。这或许源自其出身——德国柏林工业大学经济与管理学院相关课程的讲义，基因中自带理性、缜密甚至冷峻的气息。而这，恰恰也是本书所描述之事物——支付系统——的风格。即便在2008年金融危机之后，支付系统有了一个更为响亮的名字"金融市场基础设施"，它仍不改其作为社会经济金融系统运转之底层机制的强大且隐秘之品性。

　　按照本书的观点，长期以来，经济学家们低估了支付和金融市场基础设施的重要性。而当法律人谈论金融交易或监管时，他们则往往止步于合同和监管条文，对支撑市场的"技术底层"——支付、清算、结算系统——视而不见。殊不知，这些系统如同金融商法中的"技术密码"，虽然隐藏在交易幕后，却往往决定着规则的真正运行逻辑，比如金融财产如何存在、如何表彰、如何转移甚至如何处置。

　　当然，如今在官方的话语体系中，金融市场基础设施既是支撑金融交易高效运转的道路桥梁，也是维护金融市场稳定的中流砥柱。以支付系统为例，中国人民银行支付结算司数据显示，2024年全国支付系统全年处理业务量达 1.42 万亿笔，相当于每个中国人通过系统日均完成近 3 笔支付，其重要性不言而喻。然而，金融市场基础设施却犹如"熟悉的陌生人"，即便金融从业人士也未必能窥其堂奥。究其原因：其一，它属于金融监管机构及其授权组织管理的专业领域，虽最终服务于社会大众，却鲜少直接面向普通用户；其二，对于金融市场基础设施而言，"隐形"恰是其成功运行的标志，也是一种看不见的"荣誉勋章"。

二

本书简要但全面地介绍了支付与金融市场基础设施的主要功能及其面临的挑战，为研究金融市场基础设施提供了一个整体性视角。书中展示了从货币到银行货币再到数字货币等支付工具的演变，覆盖了从零售支付到批发支付直至跨境支付、从普通买卖交易到证券及衍生品交易等不同场景，展示了中央存管机构（CSD）、中央对手方（CCP）、结算系统（SSS）以及中央银行等核心设施的角色，梳理了技术流程背后的风险管理及其公共政策问题。借用美国商法学者的术语，本书就像给"商法幽深的技术角落"打上一道强光，线路图清晰可见，对希望了解该领域的学者、监管者以及金融从业者和金融法律工作者皆有所助益。

本书的一大亮点是基于账户的叙述与分析方法。在现代社会，账户是金融资产的载体，能够直观地表现出金融交易的过程及其结果。用作者的话来说，"理解账户是掌握支付和结算过程中金融权利与负债转移性质的基础"。在每一章中，作者都结合实例，通过对账户中资产、负债的增加或减少的图示，简明扼要地展示货币支付过程或者证券及衍生品的转移流程，为进一步阐释支付系统、CCP 和 CSD 等基础设施的运行逻辑及其监管要义做好铺垫。一张图胜过十纸文，我既往的研究感悟在本书作者这里亦获得极大共鸣。因为，以账户为工具的叙述方式正是作者的独具匠心——"既保证了内容的精炼性，又确保了在不同国家和地区的普适性"。

本书的另一大亮点在于其内容的全面性与时效性。一方面，本书对于支付系统发展源流中的重要事件或关键时点皆有提及，另一方面，本书亦详细介绍国际上关于支付系统、外汇操作和数字货币等领域的最新情况和监管动态，甚至讨论了俄乌冲突爆发后西方国家对俄罗斯的制裁与反制裁在证券托管体系中可能的呈现方式，折射出金融市场基础设施融合宏观与微观、技术与政治等多元因素的复杂图景。可以想见，相关国际经验对中国亦有借鉴意义。

三

本书作者乌尔里希·宾德赛尔现任欧洲央行副行长及市场基础设施和支付总监，同时也是国际清算银行支付与市场基础设施委员会成员，在相关领域具有丰富的经验，他撰写的另一本著作《货币政策操作与金融体系》也已被译为中文。另一位作者乔治·潘特洛普洛斯现任澳大利亚纽卡斯尔大学经济学讲师，在支付及数字货币领域亦颇有建树。据说所有学科的底层逻辑都是相通的，而金融市场技术设施本身即是底层机制，因此，毫不意外，两位经济学家在书中提及的现代经济三原则（私有财产、交易与交易媒介）与民商法的财产权、合同及其履行的基本框架不谋而合,而其归纳的支付工具六分法亦可转化为法律渊源、法律关系等法学分析视角。

这种经济与法律之间的呼应与转换,于本书的中译过程再度完美呈现。译者王秋豪是我指导的硕士和博士生,现就职于华东政法大学国际金融法律学院。秋豪本科毕业于北京大学光华管理学院,具有法学和会计学交叉学科背景,博士论文写的是美国的金融制裁规则。为此,他广泛涉猎了金融制裁的底层架构——支付系统——的专业文献,实在是本书最理想的翻译人选。秋豪博士对账户、支付、复杂金融交易以及相关法律术语的熟悉以及良好的文字功底,使得本书的中译版保持了原书清晰、流畅、简洁却又信息量密集的特色。相信本书的出版将进一步助力我国金融市场基础设施领域的研究,也感谢秋豪博士通过翻译本书为中文读者搭建起一座国际金融法律知识交流的桥梁。期待秋豪博士未来在金融市场基础设施领域以及其他相关法律领域能够持之以恒地开展学术研究工作,贡献更多具有理论价值和实践意义的研究成果。

刘　燕

北京大学法学院教授、博士生导师

译者序

　　我对于金融市场基础设施的关注，最早源于硕士毕业工作后以及博士期间对于金融制裁研究的兴趣。随着近年来国际形势的变化，单边制裁导致的金融市场基础设施"武器化"问题引发国内外学者的广泛讨论。不过，在金融安全的议题下，相较大国博弈的宏观叙事，我更关心限制支付交易、冻结外汇储备等制裁措施究竟是如何在金融市场基础设施中具体运作的，在我看来，技术性的视角同样是理解地缘政治议题的钥匙——如果不知道金融交易的背后究竟发生了什么，很难对更深层次的法律适用和政治影响等复杂问题形成基本理解。

　　整体而言，本书最大的亮点之一是以账户为切入点，将金融交易流程和金融市场基础设施的运行状况具象化，本书的作者之一——乌尔里希·宾德赛尔先生长期在欧洲央行任职，他对于交易实践的深刻理解能够弥补目前国内研究过于侧重理论概念和法律规则可能导致的不足。对于希望了解支付活动、证券结算、外汇操作和数字货币等交易的业内人士，或者是希望学习金融市场设施相关历史脉络、发展动态和国际经验的研究人员而言，相信本书一定能够有所帮助。

　　本书的翻译和出版工作得到了许多人的帮助，在此，向各位表达我诚挚的感谢。感谢我的博士后导师罗培新老师的大力支持，如果没有罗老师的帮助，就没有这本译著的最终出版。感谢我的硕士及博士导师刘燕老师，刘老师认真阅读了全书译本，并提出了诸多宝贵建议。感谢华东政法大学国际金融法律学院贺小勇院长、朱小萍书记、王勇副院长、梁爽副院长和赵蕾副书记对于本书出版的帮助，在当前的学术环境下，青年教师的研究工作有诸多不易，但学院始终致力于营造良好的氛围，并尽可能为我的研究工作提供帮助。感谢华东政法大学肖宇老师、李诗鸿老师、柯达老师、关瑾老师、刘琦老师，北京大学法学院刘月博士和杨骐玮博士在本书翻译及校对过程中的宝贵意见，感谢上海人民出版社夏红梅老师认真细致的审校工作。本书译文若存在任何疏漏或错误，均由译者本人负责。

王秋豪

2025 年 5 月

长期以来，经济学家们往往低估了支付和金融市场基础设施（Financial Market Infrastructures, FMIs）的重要性。然而，如今几乎每一笔商品交易和金融交易都离不开支付环节。支付的安全性、效率和即时性，以及如何实现交易的两个环节同步的问题（即"货银对付/券款对付"），至今仍然是普遍存在的挑战。可以说，支付是以劳动分工为基础的现代开放社会的支柱，任何支付和结算环节的低效或中断都会对实体经济产生深远的影响。因此，对于国家而言，支付和金融市场基础设施具有重要的战略意义。考虑到这些金融市场基础设施可能被"武器化"，过度依赖外国供应商已被证明存在风险。

此外，支付和金融市场基础设施具有规模经济、外部性和沉没成本（即"资产专用性"）等特点，这使得高效运作在更多情况下是例外，而非常态。这一现象引发了重要的公共政策问题，相关部门应以监管的形式作出回应，或者应当扮演引导市场进入更优均衡状态的催化剂角色。同时，支付和金融市场基础设施在经济中占据着相当大的规模和重要地位。例如，仅零售支付一项就占国内生产总值（GDP）的1%—2%左右。最后，近年来的创新举措正在深刻改变支付和金融市场基础设施领域，推动了支付技术、支付实践和市场结构的巨大变革。例如，移动设备和生物识别技术不仅为零售支付带来了前所未有的便利，也促使大型科技公司纷纷进军支付业务。展望未来，一些人认为区块链技术将彻底重构支付和金融市场基础设施，因为它有望奇迹般地解决该行业面临的几乎所有挑战。Facebook（译者注：现已更名为 Meta）宣布推出基于区块链技术的全球稳定币 Libra/Diem，这一举动被许多公共政策制定者视为大型科技公司对社会货币主权发起的挑战。

本书旨在概述支付和金融市场基础设施的主要功能及其面临的挑战，并进行一个简洁而全面的介绍。本书将通过财务账户来展现支付过程，因为理解账户是掌握支付和结算过程中金融权利与负债转移性质的基础。包括科科拉（Kokkola, 2008）、法国央行（2018）和拉索（Russo, 2021）在内的部分研究采用了与本书类似的方法，通过图表的形式展现支付和金融市场基础设施的基本状况，贝伦德森（Berendsen, 2017）则并未通过财务账户展开分析，而是采取了标准且精炼的理论研究方法。

本书从导论部分（第 1 章）开始，第 2 章概述了与支付和金融市场基础设施相关的各类风险，随后在第 3 章中探讨零售支付，包括其历史、支付工具和方案，在第 4 章中分析支付系统，包括实时全额结算与延迟净额结算。考虑到跨境支付的复杂性，第 5 章将致力于探讨这一主题，通过考察各种类型的代理行架构安排，结合金融科技、全球稳定币和竞争性中央外汇兑换层的互联支付平台等其他跨境支付解决方案。此外，第 6 章详细介绍了中央对手方（Central Counterparties, CCP）的关键活动和风险管理框架。第 7 章则分析了外汇操作和持续连接结算（Continuous Linked Settlement, CLS），揭示了没有持续连接结算和有持续连接结算的外汇操作机制。在接下来的第 8 章，探讨中央证券存管机构（Central Securities Depositories, CSD）。最后一章（第 9 章）则研究了无担保加密资产

（Unbacked Crypto-Assets）、稳定币（Stablecoins）和央行数字货币（Central Bank Digital Currencies, CBDC）。

　　相较于现实交易而言，本书的图表在很大程度上进行了简化，相关内容可通过探讨具体创新案例、产品发布、行业倡议或监管措施等进一步充实。这种简明的表述方式既保证了内容的精炼性，又确保了在不同国家和地区的普适性。本书早期版本已在柏林工业大学课程中使用多年，我们要特别感谢学生们提供的宝贵反馈。同时，我们也衷心感谢两位匿名审稿人提出的建设性意见，这些意见使本书在各方面都得到了显著提升。

　　毋庸置疑，支付和金融市场基础设施仍将保持快速发展态势，其经济价值和战略地位也将不断提升。我们期待这一趋势能够推动相关经济学研究的深入发展，我们也认为本书对此作出了一定的积极贡献。

德国莱茵河畔法兰克福　　乌尔里希·宾德赛尔
澳大利亚新南威尔士州纽卡斯尔　　乔治·潘特洛普洛斯

目　录

1 导　论

1.1　基本原理和定义

现代经济依靠三个基本原则：①私有财产；②交易（即人们通过合意的交换而改变财产的自由）；③交易媒介。

• 财产需要一个健全的法律框架，它包括财产如何记录和保护的规则。由于总有人企图非法（通过自愿的合同交易之外的方式）获得财产，因此财产安全至关重要。这也适用于货币和其他金融债权（证券、衍生品、外币）形式的财产，无论这些财产是否以电子方式记录，也无论财产是否登记在分类账中。有时财产会被登记在一个特别正规且受到保护的中央分类账中，并由国家负责维护，如土地和房产登记，有时则由私人主体负责维护，如中央证券存管机构、支付系统和银行账户等。在后一种情况下，财产权利往往会得到立法的支持，从而提高法律的确定性。有时，财产的所有权是通过对实物的占有来证明的，例如现金或者过去使用的纸质证券等。

• 交易既包括商品，也包括金融资产。商品和金融资产大多与货币进行交易，货币是通用的支付手段。关于商品交易，本书仅关心支付方面的问题。对于金融交易，本书既关注支付，也关注金融工具的转让（证券、外汇、衍生品等）。交易的效率既取决于"交易前"的流程，也取决于"交易后"的流程。交易前基础设施的主要功能是促

1

进交易愿望（包括对资产状况和价格的说明）的沟通和匹配，直至达成具有法律约束力的交易合同。交易后基础设施包括从签订具有法律约束力的金融交易协议到财产转让的结算和法律文件生效之间的所有步骤。证券交易所、电子交易场所等交易前金融市场基础设施不在本书的范围内。

• 现代"信用"货币出现之前，货币是以铸造的商品（黄金和白银）的形式出现的，并依赖于本票和汇票。现代货币的典型形式是对中央银行（中央银行货币）或商业银行（商业银行货币，承诺可兑换为中央银行货币）的标准化债权。债权要么以账户上的头寸（即账户资金的数额）形式，并且被法律制度正式承认为财产权的记录，要么以纸质印刷品（钞票）的形式记录。长期以来，在大额支付中，记账式货币一直占主导地位，而纸币主要用于小额支付场景或作为价值储存手段，并且纸币更有可能用于非法交易。如今，小额支付也开始越来越多地由电子支付所主导，其中一些国家（如瑞典、英国、荷兰和中国）比其他国家（如德国和意大利）更先进。在本书中，我们原则上涵盖了所有电子形式的支付，即除通过纸币支付之外的所有支付形式。

如今，金融债权（包括货币）通常通过被称为金融市场基础设施的安排，以电子方式进行登记、交易和结算。支付结算体系委员会（Committee on Payment and Settlement Systems, CPSS）与国际证监会组织（International Organization of Securities Commissions, IOSCO）将金融市场基础设施定义为：

> 包括系统的操作者在内的参与机构之间的多边系统，用于货币、证券、衍生品或其他金融交易的清算、结算或记录。金融市

场基础设施通常为所有参与机构建立一套共同的规则和程序、一个技术基础设施，以及一个合理分配风险的专门风险管理框架。[1]

关于金融市场基础设施的组织和所有权，支付结算体系委员会和国际证监会组织指出，金融市场基础设施可以采取多种合法的组织和所有形式。[2] 例如，它们可以由协会建立和所有，或者组织为股份公司（具有限制或无限制的股权），或者可以由中央银行拥有并经营。金融市场基础设施可以以营利或非营利实体的形式运作。无论在何种情况下，金融市场基础设施通常都需要遵循特定的许可和监管规定，这些规定可能会对其业务模式和治理结构产生限制。

支付结算体系委员会和国际证监会组织区分了五种类型的金融市场基础设施：支付系统、中央证券存管机构、证券结算系统、中央对手方和交易存储库。[3] 本书将在随后各章中讨论除交易存储库以外的所有其余类型。交易存储库本质上是在官方部门希望了解并分析金融市场中交易和头寸的背景下建立的数据库（例如为了在早期阶段了解金融稳定风险）。它们作为金融市场基础设施的分类不那么显著。

此外，在跨境和跨币种交易的背景下，有一些具体安排可能与支付系统有关，尽管它们超出了本书限定的范围。例如，持续连接结算以对等支付为基础结算外汇交易，而代理行则处理跨境支付，它不属于金融市场基础设施的定义范畴。

---

1. CPSS-IOSCO.（2012）. *Principles for financial market infrastructures.* Bank of International Settlements.

2. CPSS-IOSCO.（2012）. *Principles for financial market infrastructures.* Bank of International Settlements.

3. CPSS-IOSCO.（2012）. *Principles for financial market infrastructures.* Bank of International Settlements.

金融市场基础设施通常与批发支付有关，因为参与者通常是金融机构。相比之下，普通公民和非金融公司之间的支付被认为是零售支付。批发和零售支付都通过支付系统结算，但零售支付还会嵌入在额外的层次中。

例如，欧洲央行对支付工具、方案和安排进行了区分：支付工具是最终用户之间电子转移价值的规范，例如信用转移、直接借记、银行卡、电子货币或数字支付令牌；支付方案是使用上述支付工具的标准化规则和程序，由方案治理机构定义。支付安排提供了支持使用电子支付工具的功能，例如支付启动服务、支付集成商、存储数据的钱包或标记的支付账户编号。[1]

在对金融市场基础设施进行分类并区分一方的支付和另一方的结算时，可以区分纯粹支付和包括支付和结算两个环节的金融市场交易（一类特殊情况是外汇对等支付结算，其中两个环节都由货币组成，尽管使用不同的货币）。纯粹支付可能涉及：

• 商品、服务或劳动力交易的支付方：即涉及商品而非金融工具的交易活动，因此会在金融市场基础设施之外进行结算，例如商品通过实物交付。

• 信用的授予或偿还（意味着支付的另一环节已经发生或即将发生）：这也包括债券或贷款的利息支付。当然，即使现金流不是同时发生的，人们可能仍希望将信用交易分类为两个环节的金融市场交易。因此，通过两个环节同时结算（例如对等支付和货银对付/券款对付）来防范本金风险的关键概念并不适用。

---

1. ECB.（2021）. *Eurosystem oversight framework for electronic payment instruments, schemes and arrangements*. European Central Bank.

•与衍生交易担保品相关的支付：不论对于中央对手方清算的衍生品还是不经中央对手方清算的衍生品而言，当初始保证金或变动保证金发生变化以确保衍生品头寸安全时——即如果需要增加担保品或可以从账户中提取担保品，则该担保品通常以现金形式存在，此处的"现金"指的是将电子存款转移到用于担保头寸的账户中。因此，保证金的支付没有其他金融资产交易中的第二个环节。

金融市场交易中同时有两个环节的交易主要是证券交易（买断和回购）。此外，同时有两个环节的交易还包括两种不同货币相互兑换的外汇交易（例如美元兑欧元）。最后，还有一些金融市场交易只涉及非支付环节，例如提供证券作为担保品，或者客户决定将投资组合从一家银行转移到另一家银行时进行的投资组合转移。

对于双边交易，在交易确认的时间点"T"之后的一系列步骤统称为"交易后"流程。交易后阶段始于交易的记录，即交易双方在相关系统中登记对交易处理的承诺。在纯粹支付的情况下，这一过程则从支付指令的记录开始。交易后和支付流程主要是基于自动化系统运行的，这些流程能够更新账户信息，并在交易双方与相关基础设施之间传递大量机器可读的信息，然后再返回。通常，这些信息具有精确的格式，以便实现机器之间的自动通信。

在结算之前，来自双方的信息由相关的金融市场基础设施进行匹配和协调：将各自的信息进行比较，以确定在执行交易之前要进行的支付。这一过程叫作交易的确认。此外，在某些情况下，交易可以在结算前进行轧差，这意味着通过净额结算安排抵消参与者之间或参与者内部的义务，以减少最终结算操作的数量和价值。在交易和结算之间的所有这些步骤通常被称为交易清算。最终，可以进行结算（在交易最初达成日期后的"t"日，即"T + t"），解除所有未偿付的义务。[1]

与清算有关的另一个重要概念是支付的终局性，即支付已达到不可撤销和无条件的地位。在交易对手违约的情况下，终局性决定了交易中涉及的哪一方可以收回支付的全部价值，哪一方不能。例如，如果一方（如付款人）对其已取得商品相关的一系列付款违约——随后违约方与所有权益持有人进行清算，它们各自收到自身权益份额的 x 比例（$0 < x < 1$）——如果付款状态已经被归类为"最终且不可撤销"，那么所有收款人将收到付款的全部价值（$x = 1$）。如果付款尚未完成，这些收款人可能只收到其权益的一部分（$x < 1$），并且必须等待破产程序的结果。

1.2　金融市场基础设施的政策问题

金融市场基础设施的背后有着重要的公共政策问题。支付结算体系委员会和国际证监会组织通过参考负外部性（特别是社会次优风险管理）和自然垄断问题（隐含市场力量和市场滥用风险）解释了公共政策目标的相关性和监管、监督与审查的必要性。同时，它也强调了过度竞争可能会不当地降低风险标准。[2]

可以考虑将金融市场基础设施中的公共政策利益问题进行如下分类：

1. CPSS-IOSCO.（2012）. *Principles for financial market infrastructures*. Bank of International Settlements.
2. CPSS-IOSCO.（2012）. *Principles for financial market infrastructures*. Bank of International Settlements.

• 系统重要性。本质上来说，金融市场基础设施对金融体系和支付至关重要，因而也对实体经济至关重要。通常，它们集中处理经济中各类庞大规模的交易结算，以获得协同效应和规模经济。在一个将纸币用于零售支付的比例不断下降的世界里，整个经济深度依赖于电子支付系统和其他基于计算机的金融服务系统的安全性和效率。如果金融市场基础设施破产，可能会产生巨大的负外部性，这意味着私主体减少破产概率的动机（无论是由于财务风险还是操作风险）可能太弱，无法达到社会的最佳安全水平。

• 由于金融市场基础设施往往相互关联，因此在其破产的情况下，存在传染性风险。金融市场基础设施整体网络所建立的各种链接，使得如果其中一个金融市场基础设施出现故障，整个结算流程都可能会失败。事实上，许多操作涉及不止一个金融市场基础设施，例如两个中央证券存管机构，或者一个中央证券存管机构和一个中央对手方，一个支付系统和一个中央证券存管机构等。

• 作为信息技术系统，金融市场基础设施容易受到信息技术故障和网络攻击的影响。在其系统相关性和破产导致的负外部性背景下，使得社会公众非常关注金融市场基础设施信息技术系统的安全性和网络风险管理问题。

• 金融市场基础设施受网络外部性和规模经济的影响，往往是自然垄断的。这进一步带来了定价、治理和监管这些具有强大市场力量的实体的普遍问题。此外，它也导致了追求竞争优势（旨在提高激励机制和创新潜力）和单一主导系统下的规模经济优势之间的矛盾选择。标准化和互操作性也许是能够结合上述两项优点的第三种潜在选择。还有一类情形是，金融市场基础设施经常是由金融机构等用户共同拥有的实体，从而确保其能够考虑用户的利益，而如果采用外部股权投资者的形式，则有可能倾向于将价格设定在社会最优水平之上。

• 鉴于金融市场基础设施的系统性作用，应避免其风险管理框架具有顺周期性，以防加剧金融不稳定。顺周期性是指风险控制的变化与市场和信用风险的周期性波动相关，它往往会加剧金融不稳定。例如，中央对手方对于证券估值减记的处理，当市场波动和信用风险增加时，中央对手方通常会收紧风险管理框架，这意味着①证券估值减记增加，②促使中央对手方向参与者发出进一步的追加保证金的通知。在极端情况下，这种情况可能导致资产价格突然螺旋式下跌。因此，更加符合社会公众利益的安排是要求金融市场基础设施限制其担保品规则的顺周期性，具体可以在考虑市场压力的前提下，通过更加审慎地调整其担保品和减记要求来实现，从而使市场真正承压时带来的紧缩效果最小化。

• 金融市场基础设施毗邻货币体系，或者说它就是货币体系的一部分，对于保持市场流动性和融资流动性至关重要。因此，它们的顺利运作与中央银行实施货币政策的能力密切相关。低效和难以预测的支付将产生巨大的流动性需求，从而导致流动性风险增加。

• 由于金融市场基础设施对社会具有系统重要性，在地缘政治冲突的情势下，外国所有权甚至对外国第三方供应商的技术依赖都可能产生战略风险，在这种情形下，通过威胁破坏其运行或直接停止服务等方式，金融市场基础设施可能被"武器化"。这种可能性本身可能会削弱各国在地缘政治冲突中的议价能力。从公共政策的角度来看，不完全依赖外国第三方供应商的、独立的国内金融市场基础设施更为可取。

总而言之，上述因素都是金融市场基础设施面临重要政策审查的原因——针对金融市场基础设施特定的监管方式可能被视为政府对一个行业及潜在市场失灵问题进行政策分析的最终结果。因此，研究监管及其动机是解决该行业经济问题的一种途径。通常，经济问题会体现在立法文本的引言部分。

1.3 中央银行对金融市场基础设施的作用

中央银行在金融市场基础设施中扮演着重要的角色，原因包括以下几点。首先，中央银行是基础设施的提供者。中央银行向银行授予账户，并允许银行通过中央银行提供的实时全额结算系统进行支付。在这种情形下，结算会通过中央银行货币进行。支付结算体系委员会和国际证监会组织表示更倾向于金融市场基础设施用中央银行货币（而非商业银行货币）开展资金结算业务。此外，支付结算体系委员会和国际证监会组织强调了中央银行作为金融市场基础设施账户和流动性提供者的基础性作用：

> 如果金融市场基础设施可以使用中央银行的账户、支付服务、证券服务或抵押品管理服务，它应该在可行的情况下使用这些服务来加强对流动性风险的管理。例如，中央银行账户中的资金余额代表着最高的流动性。[1]

有一些结算形式非常接近中央银行货币结算形式，但与之并不完

---

1. CPSS-IOSCO.（2012）. *Principles for financial market infrastructures*. Bank of International Settlements.

全相同。例如，如果一个私人运行的支付系统在中央银行有一个单独的账户（一个"辅助系统"账户），那么它可能要求银行首先将资金从它们在中央银行的实时全额结算账户转移到支付系统在中央银行的账户，然后它可能会将私人支付系统中的所有支付交易均反映在它在中央银行账户内维护的子账户中。中央银行和用户通常不会承认这是真正的中央银行货币结算，因为用户权利的安全性仍然取决于安排的健全性。究竟什么可以被视为中央银行货币结算，这不仅是一个哲学问题，也是一个政策和法律问题，不仅适用于在中央银行有账户的私人支付系统，也适用于私人证券结算系统。

由于中央银行在向商业银行提供信用时可能需要从银行获得相应的担保品，因此，中央银行也需要在一定程度上参与担保品结算。在某些情况下，中央银行的角色可能更进一步。例如，欧元系统已经进入了通过 TARGET2 证券平台提供券款对付证券结算服务的领域（见第 8 章），还通过 TARGET2 即时支付方案（TIPS）进行即时零售支付（见第 4 章）。

其次，中央银行充当催化剂，引导行业寻求符合社会利益的解决方案。事实上，金融市场基础设施行业是一个网络行业，在这个行业中，次优均衡很容易实现，而中央银行通过窗口指导进行干预，可以帮助行业协调一致，找到有效的解决方案，从而既服务于行业，也服务于整个社会。

再次，中央银行积极扮演金融市场基础设施的监管者和监督者的角色。基于其专业知识和职责所规定的公共政策目标，中央银行通常积极参与对金融市场基础设施的监管和监督。话虽如此，但中央银行以外的其他机构也可以成为金融市场基础设施的主要监管者（见第 2 章）。

最后，中央银行是金融市场基础设施的潜在信用提供者和最后贷款人，因为它们在原则上能够通过实时全额结算系统中的中央银行资金，从而不受限制地创造支付端的最终结算形式。

例如，欧元区的中央对手方在拥有银行牌照的情况下可以使用中央银行的工具，例如欧洲期货交易所和伦敦结算所。以中央银行货币结算的金融市场基础设施通常也被允许将中央银行货币存入它的实时全额结算账户，并在某些条件下获取紧急流动性，但没有自动获得流动性的权利（见第 6 章）。

1.4　作为财务账户变更的支付和结算

如果需要理解支付及交易后续操作的详细内容，最重要的方式是考察财务账户从交易前到最终结算后的状态变化。财务账户作为一种清晰且规范的表现形式，能够确保①资产 = 负债，②一方的每一项金融债权都是另一方的金融负债。与金融交易结算相对应的每笔资金流动都必须保持一致，并符合上述两个属性。然而，在财务账户表达中存在两个复杂问题：

• 在交易和结算之间，资产和负债不那么清晰。例如，当彼得向莎拉出售一台电视，刚好在交易时点 T 之后，彼德家里还留着这台电视，意味着他欠莎拉一台电视。同时，莎拉也尚未向彼得付款，意味着彼得也是莎拉的债主。

•托管链：投资者通过银行经纪人持有证券，银行经纪人则通过中央证券存管机构持有证券，或通过中央证券存管机构的另一个托管人持有证券。原则上，这些证券必须在银行经纪人的账簿上进行隔离，包括不受银行破产的影响。[1] 除本书中所探讨的各类法律及风险管理问题之外，重要的是在这种情形下，如何通过财务账户中的托管人反映这些资产的持有状况。在后续探讨中，我们会将证券托管有关的债权债务类比为真实的债权债务来表述，但需要澄清的是，它们是独立的通道（临时）头寸，通常不会给托管人带来市场或信用风险。

上文中第一个问题可以通过示例进一步说明，考虑通过 eBay 购买电视的相关交易和结算步骤（表 1.1）。在承诺交易后至结算前的时间范围内，相关账户的列报属于会计惯例问题。我们假设只要货物还没有"结算"（这里指的是实物转让），它就仍然存在于卖方的账户中。为了简单起见，我们还假设买卖双方在同一家银行开设账户。此外，我们需要一种方法来拆解从交易在时间 T 开始到在时间 T + t 最终结算的各个步骤。这可以通过时间"戳"（a1，a2 等）来实现。最后，头寸"X"代表交易之前的存量，因此 X 在不同的账户中是不同的金额（即表中的每个 X 在名义上都是不同的——然而，当头寸最初为零时，账户就没有 X），考虑以下步骤：

• 交易承诺（时间 T）改变了双方的账户，其中甲（收款人）是电视的卖方，乙（付款人）是电视的买方（a1）。通过创建一套双方的交易后债权和债务表现每个人资产负债的增加情况，以说明承诺交易和最终结算过程之间的额外风险敞口。

• 下一步是乙购买电视（a2）。只有在收到钱后，甲才有义务交付电视。

• 结算的最后一步涉及电视的运输及向乙（a3）的交付。

---

1. IOSCO.（1996）. *Client asset protection.* Report to the technical committee, August 1996; AFME.（2016）. *AFME Post Trade Division: Client Asset Protection Task Force*, AFME Principles on Asset Segregation Due Diligence and Collateral Management, September 2016.

- 甲和乙的资产负债都再次收缩，表明风险敞口减少。

表 1.1　金融货币系统中的支付和结算——单一银行

国家 X—货币 X			
甲			
银行存款	X + a2	对乙的临时债务	+ a1 − a3
电视	− a3	权益	X
对乙的临时债权	+ a1 − a2		
乙			
电视	+ a3	对甲的临时债务	+ a1 − a2
银行存款	X − a2	权益	X
对甲的临时债权	+ a1 − a3		
X 银行			
其他资产	X	甲的存款	X + a2
中央银行存款	X	乙的存款	X − a2
		权益	X

1.5　金融信息

在结算过程中，交易对手和金融市场基础设施之间需要传递相关信息。在通过账户体系交易的情形下，当然就没有真正的资金或证券的"转移"。实际上，转移资金的思路是对现代社会的误读：没有任何东西真正从一个账户转移到另一个账户。它只是在一个账户中消失，在另一个账户中出现，并没有在两者之间穿梭。唯一通过网络传播的东西是信息，这些信息是金融市场基础设施更改账簿并记录权益变更的必要且充分的依据。信息为证明交易发生及各方对转账达成合意提供了足够的证据。

支付结算体系委员会和国际证监会组织强调了所有金融市场基础设施使用标准通信格式和协议的重要性，这有助于提高效率并降低操作风险。[1] 及时、可靠且准确的沟通是提高支付、清算和结算效率的关键。标准化是允许所有参与者达成接口自动化的关键，借此实现交易的直通式处理，因而不会出现由人为干预引发的错误和延迟状态。这也适用于全球化背景下的跨境信息。

长期以来，金融行业一直依赖于具有固定格式和内容的信息标准。信息标准的例子包括：

• ISO 15022 于 1998 年前后推出，至今仍是证券跨境结算、对账和公司交易处理的主要标准。

• ISO 8583 用于大多数信用卡和借记卡交易，并用于发卡行和收单行之间以及使用自动取款机等场景。

• 环球银行金融电信协会（Society for Worldwide Interbank Financial Telecommunication, SWIFT）MT 报文已成为代理行、外汇和跟单信用证的信息标准。全球超过 10000 家金融机构使用这一标准，每天通过 SWIFT 网络交换数百万条信息。

• ISO 20022 是一项针对所有金融市场操作的综合性信息标准。它也将在未来几年逐渐取代 SWIFT MT 信息标准。

每条信息都是通过必须填写的字段和需要填写到字段中的内容格式来定义的。我们以 SWIFT MT 信息为例进一步说明信息标准的概

1. CPSS-IOSCO.（2012）. *Principles for financial market infrastructures*. Bank of International Settlements.

念。其中，可以对 SWIFT 主要报文类别进行如下定义：

第一类——客户支付和支票；第二类——金融机构转账；第三类——国债市场——外汇、货币市场和衍生品；第四类——收款；第五类——证券市场；第六类——国债市场——大宗交易；第七类——跟单信用证和保函 / 备用信用证。

例如，第一类包含与客户相关的以下支付信息：客户信用转移、客户债务转移、支票支付。此类别处理付款或有关付款的信息，其中汇款人或受益人都不是金融机构。例如：

• MT101——请求转账：请求从客户在接收方或其他机构的账户中扣款。

• MT102——多客户信用转账：在金融机构之间传递多个支付指令。

• MT103——单个客户信用转账（见下文）。

• MT104——直接借记和请求借记转账：传达金融机构之间的直接借记指示或直接借记请求。

以 SWIFT MT103 报文的具体情形为例。如 SWIFT 手册所述：

此信息类型由金融机构代表其汇款人客户，直接或通过代理行发送给受益人客户的金融机构。它用于传达资金转移指令，从发送方的角度来看，其中汇款人客户和受益人客户至少有一方为非金融机构。此消息仅可用于无条件付款指示。它不得用于通知汇款行，例如支票、托收付款，也不得用于替代单独通知完成的交易，例如通过 MT400。[1]

---

1. SWIFT.（2021）. *Message reference guide. Category 1-Customer payments and cheques for standards MT November 2021*.

SWIFT 手册写明了 MT103 报文的精确字段，包括内容的强制性／可选性，每个字段的预期内容，以及以字符表示的内容规范（即字符数和类型，例如"数字""字母，只大写"等）。SWIFT 手册还提供了许多示例，例如，Biodata 股份有限公司指示苏黎世的瑞士银行向 H. F. Janssen 在阿姆斯特丹荷兰银行的账户支付 1958.47 欧元，该交易的 MT103 报文示例如下：

发送方	UBSWCHZH80A
接收方	ABNANL2A
验证标志	119:STP
唯一端到端交易标识	121:4ea37e81-98ec-4014-b7a4-1ff4611b3fca
报文文本	
发送方标识	:20:494931/DEV
银行操作代码	:23B:CRED
交易日、货币、银行间结算金额	:32A:090828EUR1958,47
货币、指示金额	:33B:EUR1958,47
汇款人	:50 K:/122267890 BIODATA GMBH HOCHSTRASSE, 27/8022-ZURICH/ SWITZERLAND
受益人	:59:/NL76502664959 H.F. JANSSEN LEDEBOERSTRAAT 27, AMSTERDAM
费用明细	:71A:SHA

第五类的证券市场是一个非常广泛的信息类别，其中一些信息类型包括：① MT502 购买或出售订单：指示在特定条件下购买或出售特定数量的特定金融工具；② MT503 担保品请求权：要求新的或额

外的担保品，或返还或收回担保品；③ MT504 担保品提供：提供新的或额外的担保品；④ MT515 客户买卖确认书：提供发送方代表接收方或其客户买卖金融工具的详细指示，它可以传达购买或销售的付款细节，也可以由 ETC 服务提供商发送；⑤ MT543 按付款交割：指示按付款交割金融工具，它也可以用于请求取消或预先通知指令。

如今，信息标准正在逐渐转移到一个新的标准——ISO 20022。随着 2012 年单一欧元支付区（Single European Payment Area，SEPA）的推出，欧洲银行成为世界上第一个为大规模支付交易部署 ISO 20022 标准的银行。此外，除了 TIPS 这一单一欧元支付区兼容方案之外，TARGET2 证券也依赖 ISO 20022。尽管如此，在许多市场中，独立标准仍然很普遍，SWIFT 专有信息仍然被确立为跨境支付的通用标准。而基于不同信息标准的支付系统显然意味着缺乏互操作性，使直通式处理和自动化更加困难。如果缺乏统一标准，支付信息就必须在支付网关进行转换，这一过程可能由于信息删减和填充而导致相关信息丢失。在全球范围内引入 ISO 20022 将解决这些问题，通过建立丰富的数据标准格式提高全球支付的效率。SWIFT 于 2023 年 3 月开始为跨境支付和现金报告业务部署 ISO 20022 报文，并计划与旧报文标准共存三年。ISO 20022 的最终目标是覆盖金融信息的所有领域，包括外汇交易和信用卡支付。这将进一步优化整个业务链条和工具的成本效益、互操作性和直通式处理问题。

1.6　金融货币体系的多层次结构

随着商品贸易和劳动分工的出现，经济效率提升、社会生活进步，但也导致了交易双方需求的差异和相互匹配的问题。这种问题能够通过两种工具缓解。首先，通过使用铸币（铸造的贵金属，也被称为商品货币）作为支付手段。以铸币进行的结算是最终结算，因为交易结束时不会在交易对手的账簿上留下任何财务头寸（对其他方的债权和债务）。然而，合适的贵金属通常较为稀缺，将铸币作为支付手段也会导致一些低效率问题，如①盗窃、伪造或损毁的风险；②沉重；③无法生产和维护真正同质化的铸币导致的潜在逆向选择问题，以及由此而来的检查每个铸币的需求等。其次，对信用的依赖也能解决劳动分工带来的问题，在这种方法下，商品交换的第二个交易环节被保留到以后进行，这意味着一方对另一方享有债权，以货币或其他商品计价，例如结合了铸币和信用的银币。

本书讨论的是金融货币而非商品货币的支付和结算。金融货币是上述第二种方法的某种复杂而统一的版本。除非法律禁止，否则理论上每个经济实体都可以与其他实体开立"账户"，它意味着金融关系——债权和债务——是在交易对手之间建立起来的。它们可以以货币（通常是本国货币，但也可以是外国货币）计价，也可以以任何其他商品（例如证券、商品等）计价。每个人都可以在其他人那里有账户的状态会导致多边的、面额各异的债权和债务，即一种非结构化的"欠条"（IOU）——"我欠你的"（"I owe you"）经济。

有"n"个家庭和"m"种商品，我们可以想象经济中有"$n(n-1)m/2$"的金融债权/债务关系（"除以2"表示交易双方关系的净额，例如当 A 就商品 x 对 B 拥有债权时，B 就不可能就商品 x 同时对 A 拥有债权，因为此时二者应该立即净额抵消）。如果想要表达现实中的所有复杂性，还需要将信用关系与预期交付（结算）的时间点联系起来：例如，要求在 2030 年 12 月 1 日或 2031 年 2 月 1 日交付一头牛。在这种情况下，交易和信用的组织可以逐渐转移到一个更为有序且简化的环境中，从而能在保持交易能力的同时大大缩减各方的资产负债表（而不会再次遇到需求差异和匹配的问题，或者依赖金属铸币）。

- 改善支付、信用和结算结构的第一个关键技术是将债权和债务集中在单个代理人身上——可以称之为中央对手方。例如，在 n 个参与者之间，可能存在"n（n–1）/2"个关于特定商品的金融关系（债权—债务），例如"奶牛"——我们假设每头奶牛的大小、重量等都是同质的。如果存在一个"中央奶牛对手方"，那么就只剩下"（n–1）"关系了。这种方法提高了效率和金融稳定性，因为①它使得单个债权人只需要监测一个债务人的情况；②当这一单个债务人具有较高的信用质量时，对其债权的转让能够被普遍接受；③使中央奶牛对手方对于债务人奶牛债权的监督和风险控制更加专业化。从理论上讲，中央奶牛对手方可以像现代的中央对手方一样，在交易开始后对债权和债务进行更新（假设奶牛已经足够标准化）。但考虑到奶牛不是完美可替代的，更可能的情形是由它作为一个中央奶牛交易商。

- 第二个关键技术是依靠货币作为信用的记账单位和结算媒介。如果所有的债权和债务都以货币单位表示（尽可能避免债权和债务以奶牛等其他单位表示），那么经济中的最大债权债务数量就会从"n（n–1）m/2"缩小到"n（n–1）/2"。

将上述两种关键技术相结合，在极端情况下可能会出现这样一种情况：唯一的债权和债务都是中央银行货币，所有各方要么对中央银行有货币债权，要么从中央银行获得贷款（即使是那些获得贷款的人大概也会持有一些中央银行货币作为支付手段）。

然而，现实却并非如此。人们通常对家庭、朋友、同事等多方拥有"道德"等难以量化的债权——在这些领域，非正式的欠条经济继续适用。此外，我们倾向于向一些债务人保留金融债权，包括：①向中央银行，例如以纸币的形式；②向一家或多家商业银行，例如以活期或定期存款的形式；③向保险和养老基金；④向雇主等其他人。换言之，现实经济中并非仅有一个集中了所有货币和信贷的"银行"——即一个包罗万象的"中央银行"。相反，人们倾向于持有更多商业银行货币，而不是中央银行货币，这也是因为中央银行货币只能以纸币的形式提供给普通人。

正是在此意义上，在现代金融货币体系中，我们并没有观察到"$n(n-1)$"的欠条经济演变成某种形式的"$(n-1)$"结构。支付结算体系委员会将基本原理表述为：

> ……中央银行和商业银行货币的组合是货币体系的一个基本特征，应予以保留。货币发行者的多样性在提供创新和高效的支付手段方面保持了竞争优势，实际上，在提供一般金融服务方面也是如此。这些发行人（商业银行）的受监管或持牌性质能够促使其提高偿付能力和流动性，以维持对其货币的信心。此外，在支付系统中使用中央银行货币，每天都要检查银行债务的可兑换性，以确定其价值单位，从而对它们的价值进行检验。这一政策立场意味着对单一银行和自由银行这两种极端安排的否定。单一银行是指中央银行充当货币的唯一发行者，而自由银行是指商业银行提供经济所需的所有货币。这两种方案均被证明不够稳定或高效。[1]

14

---

1. CPSS.（2003）. *The role of central bank money in payment systems*. Bank of International Settlements.

实际上，金融体系是"分层的"。例如，一个家庭或企业向供应商支付商业银行货币（通过信用转账），商业银行会在银行间支付系统中结算，然后最终以中央银行货币结算，或者甚至也可以通过商业银行之间的一系列代理行关系结算。

另一种分层形式是通过间接参与金融市场基础设施。有三个原因可以解释为什么金融市场基础设施的参与往往是分层的。第一，由于大型企业和大型垄断部门效率低下，因此最好将垄断企业的活动限制在垄断的真正核心范围内，并以竞争性的方式来组织可以竞争的活动。第二，从金融市场基础设施的角度来看，为确保具有审慎的信用风险管理结构，金融市场基础设施可能不应该直接与大量既不知名也没有评级的交易对手建立债权债务关系。换言之，经济层面或法律层面地了解你的客户（Know Your Customer, KYC）需求意味着最好重点面向一种类型的客户，通过专业化降低风险敞口。第三，间接参与可能有助于解决运行层面的需求：专门的中介机构可能能够帮助满足金融市场基础设施的互联、合规和运营等要求，并且能够通过量身定制且更加便捷的方式，作为客户与金融市场基础设施的间接连接通道，此类中介机构也可以整合客户对各种金融市场基础设施的访问需求，例如零售经纪人能够同时代理客户购买在 A 国的 A 中央证券存管机构和 B 国的 B 中央证券存管机构发行和保管的证券。在地方层面也可能产生协同效应：例如区域银行 / 基础设施在客户及其国内法律问题上拥有本地专业知识，并且同时作为几个关键中央证券存管机构和中央对手方的成员。

金融市场基础设施的间接参与者是直接参与者的客户。要么间接参与者本来可以直接参与金融市场基础设施，但因经济原因选择了其他方式，要么技术、法律、地理或合同限制可能排除了他们直接参与的可能性。只有直接参与者与金融市场基础设施有合同关系，且必须符合基础设施的访问条件和操作规则，而间接参与者则与直接参与者有合同关系。如果基础设施的直接参与者很少，那么它处理的大部分事务可能来自间接参与者。

总而言之，主要的金融市场基础设施通常只会为数量有限的直接参与者提供服务，而依赖其服务的间接参与者则数量更多。例如：

15 • 2018 年，持续连接结算有 60 家结算会员，但这些会员为超过 1.1 万个实体提供基于持续连接结算的服务。

• 托管行和中央证券存管机构：大多数金融机构通过主要托管行（最大的是纽约梅隆银行和摩根大通）持有证券，而不是直接通过中央证券存管机构持有证券。如果你在一家主要托管行拥有一个账户，则可以间接访问全球的中央证券存管机构。有趣的是，在少数几个欧洲国家，甚至个人也可以在中央证券存管机构开户。例如，欧洲结算（芬兰）（Euroclear Finland）有近 200 万直接参与者，其中绝大多数是普通公民。相比之下，由法国、荷兰和比利时组成的欧洲结算（Euroclear）与大多数其他中央证券存管机构类似，只允许金融机构成为参与者。

• 欧元实时全额结算系统 TARGET2：截至 2017 年底，在 TARGET2 中开设了 1963 个账户，使全球范围内 1073 名直接参与者、684 名间接参与者和 48443 名可寻址银行识别码（BIC）持有人的交易得以结算。此外，79 个辅助系统在 TARGET2 结算交易：包括 25 个零售支付系统、23 个证券结算系统和 4 个中央对手方。

• EURO1 是一个以欧元计价的私人大额支付系统，有 51 个直接参与者，这些直接参与者也是系统所有者 EBA 清算的股东。Step2-T

有 131 个单一欧元支付区信用支付的直接参与者。

• 中央对手方的直接清算成员数量也比较有限。在中央对手方视角下，控制成员数量规模也是一种风险管理措施。

• 代理行（尽管严格来说不是金融市场基础设施）也是一种多层支付和结算的金融架构，在这种架构中，只有数家国际运营的大型银行为其他银行提供账户。

2　金融市场基础设施的风险、规制和监督

2.1　支付和金融市场基础设施的风险

金融市场基础设施面临各种风险。由于其系统性的本质，任何金融市场基础设施的破产均可能导致金融不稳定风险。[1] 此外，支付和交易后基础设施的不稳定既可能导致交易中断，进而带来高昂成本，也意味着事前和事后的效率低下。我们首先可以问一句，在支付和结算中，究竟有哪些地方可能出现问题，进而面临损失？

• 第一，由于外生因素，货物可能在结算前损毁。物理意义上的交付层面是一个突出的问题。例如，货物可能在实际运输过程中被盗或损坏。法律制度通常会界定由谁来承担相应情形下的损失。而这种风险在纯粹的金融市场交易中并不重要。

• 第二，交易对手可能违约，也就是说，债务人可能不会在债务到期时付款或交付金融工具。这既可以是与交易承诺有关的自愿行为，也可以涉及一般违约及破产管理人，破产管理人会扣押对手方资产，将其清算并按比例将已实现价值分配给所有债权人。

• 第三，金融市场基础设施可能会延迟结算，或者可能会违约。

---

1. CPSS-IOSCO. (2012). *Principles for financial market infrastructures*. Bank of International Settlements; BdF. (2018). *Payments and market infrastructure in the digital age*. BdF Publication.

如果结算或付款因为金融市场基础设施的 IT 问题而延迟，有可能会导致交易对手的流动性问题，也可能意味着他们自己无法履行对第三方的承诺。在最糟糕的情况下，金融市场基础设施本身可能违约并由破产管理人清算。其后果不仅限于最初的债权可能无法完全收回，还会导致长期缺乏流动性以及最终收回价值的不确定性。

• 第四，交易对手或金融市场基础设施的破产实际上可能是由第三方破产引起的，例如金融市场基础设施的另一个参与者，或诸如网络提供商等"第三方"或"关键"服务提供商。

• 第五，法律制度可能无法使金融市场基础设施或其参与者的预期生效，从而造成损失（见下文法律风险部分）。

探讨金融市场基础设施风险的第二种方法是从银行领域的经典风险分类开始：[1]

法律风险是指因法律适用或监管举措不符合预期而导致损失的风险。例如，法律风险包括交易对手因法律适用不符合预期导致合同无效或无法履行而面临的风险，或者对金融市场基础设施或其客户意料之外的债权而面临的风险等。法律风险还包括因法律程序导致的金融资产延迟收回或头寸冻结而面临的损失风险。在跨境以及部分国内场景下，不同的法律体系可能适用于同一个交易、活动或参与者。在此情形下，金融市场基础设施及其参与者可能因意外适用某项法律，或相关司法管辖区的法院适用与合同约定不同的法律而面临损失。

信用风险是交易对手（无论是参与者还是其他实体）在到期时或未来任何时点无法完全履行其金融义务的风险。金融市场基础设施及

---

1. CPSS-IOSCO.（2012）. *Principles for financial market infrastructures*. Bank of International Settlements.

其参与者可能面临重置成本风险和本金风险，前者通常与结算前风险有关，后者通常与结算风险有关。在结算的背景下，重置成本风险是指与中央对手方等交易对手未结算交易的未实现收益面临损失的风险，由此产生的风险敞口是按当前市场价格替换原始交易的成本。本金风险是交易对手损失交易中所涉全部价值的风险，例如金融资产的卖方交付资产以后未收到付款的风险。信用风险也可能由其他来源导致，如结算银行、托管人或相关金融机构未能履行其金融义务时。

流动性风险是指尽管交易对手（包括市场参与者或其他实体）未来可能有足够的实力履约，但在预期履行该金融义务时没有足够资金的风险。流动性风险既包括资产卖方到期时无法获取款项的情形，也包括资产买方到期时无法获得资产的情形。此时，面临流动性风险的主体可能不得不付出高昂的额外代价履行义务，例如通过借款或回购等方式获取相应的现金或资产。因此，金融交易的双方在结算日都可能面临流动性风险。当流动性风险引发对于偿付能力的担忧时，它可能会在系统内扩散。流动性风险亦可能由结算行、代理行、托管行、流动性提供者和相关金融市场基础设施的破产或违约引发。

19　　市场风险是指因市场价格的不利变动而蒙受损失，进而导致资产价值下降的风险。它可以以重置风险（即信用风险）的形式出现，也可能在对中央对手方提供的担保品价值下降到相应置信水平之下时发生。金融市场基础设施自身的投资也可能引发市场风险（见下文投资风险部分）。

托管风险是指在托管人或子托管人破产、过失、欺诈、经营不善或记录保存不当的情况下，托管资产遭受损失的风险。

投资风险是金融市场基础设施在投资自身或其参与者的资源（如担保品）时所面临的损失风险。

操作风险是指信息系统或内部流程缺陷、人为错误、管理失败或外部事件而导致金融市场基础设施提供的服务减少、恶化或中断的风险。

网络风险是操作风险中一项日益重要的来源。网络威胁通常指敌对方故意利用金融市场基础设施的IT漏洞，导致保密性、稳健性或可用性受损的威胁。网络攻击可能带来数据损坏或禁止系统访问的风险，还可能迫使基础设施停止活动，无法正常运行。作为操作风险的一类，网络风险也可能进一步引发其他类型的风险，如托管风险、流动性风险和信用风险等。网络攻击的动机可能是非法占有财产（例如黑客侵入一个账户，将资金转移到另一个以假名开设的账户，再立即提现），或者受到地缘政治的驱动，甚至由一个民族国家在战争背景下发起，例如伊朗和朝鲜经常被认为可能在战争中对敌方的关键数字基础设施进行网络攻击。

在地缘政治冲突的情势下，金融体系与能源供应和卫生系统类似，都属于一类具有战略重要性的系统，当它们遭到破坏时，相关国家将面临严重损失。此外，金融市场基础设施还可能受到各类恶意软件的攻击。网络犯罪分子正积极寻找金融市场基础设施的弱点，犯罪组织也在这一领域不断更新犯罪技术。鉴于金融市场基础设施的运行是建立在对数据的使用和信任基础上的，为了系统的有效运作，必须确保其交易和头寸数据完好无损。如果出现数据问题，金融市场基础设施及其生态系统中大量实体的相互关联可能会导致影响大范围扩散。传统的数据复制流程和架构设计原则可以在物理中断的情况下保存数据和软件。然而，在当今的网络风险环境中，它们有可能将未经授权或损坏的数据传输到包括数据掩体和备份数据中心在内的备份数据库。支付与市场基础设施委员会（Committee on Payments and

20

Market Infrastructures, CPMI）和国际证监会组织为金融市场基础设施的网络弹性问题提供了指引。[1]

一般商业风险是指在上述几类特定风险之外，与金融市场基础设施作为一家公司的管理和经营有关的风险。一般商业风险通常代表着金融市场基础设施由于收入下降或费用增加引起财务状况和经营前景恶化，从而导致必须从资本中扣除的损失。

最后，系统性风险是指一个或多个金融市场基础设施或参与者的破产也可能导致其他参与者和金融市场基础设施无法履行其到期义务，进而产生各种可能的"连锁"效应的风险。一旦为大量金融体系服务的金融市场基础设施破产，将会对金融市场和相关行为者产生重大不利影响。这些问题可能来自平仓或撤销支付、延迟结算或强制贱卖资产或清算担保品等。在最坏的情况下，金融体系可能会遭遇一场普遍的流动性危机，并伴有大规模破产和恶性循环。

2.2 缓解风险

一些风险管理技术可以缓解金融市场基础设施及其用户的风险。对于两个环节的金融交易（即不属于纯粹支付的大多数交易），将交易的两个环节紧密联系应该可以解决主要的信用风险。这种联系在证券交易中被称为"DvP"（Delivery versus Payment，货银对付或券

---

1. CPMI-IOSCO.（2016）. *Guidance on cyber resilience for financial market infrastructures*. Bank of International Settlements; Kopp, E., Kaffenberger, L., & Wilson, C.（2017）. *Cyber risk, market failures, and financial stability*. International Monetary Fund Working Paper No. 17/185; ECB.（2018）. *Cyber resilience oversight expectations for financial market infrastructures*. Frankfurt am Main.

款对付），在外汇交易中被称为"PvP"（Payment versus Payment，对等支付）。当用一种证券交换另一种证券时（例如当担保品被替换时），也可能出现比较罕见的"券券对付"（Delivery versus Delivery, DvD）交易。当然，这些技术依赖于同时执行交易的两个环节在法律和技术层面的合理性。此时，即便其中一个环节已经结算（非违约方交付的资产或货币），而另一个环节由于违约未曾交付时，也不会因交易对手违约而导致损失。一个典型的例子是赫斯塔特银行（Herstatt Bank）案及相关行业术语"赫斯塔特风险"，指代一方在外汇交易中收到付款后，在其付款之前违约的风险。由于本金风险可能造成严重的损失，规定金融市场基础设施应通过券款对付、对等支付或券券对付结算机制消除或缓解风险。[1]

缩短结算周期。在理想的情况下，在达成交易后，应该尽快完成结算。较长的结算周期意味着在此期间更有可能发生不好的事情。就证券结算而言，在过去十年中，世界上大多数国家的结算时间从 T + 3 缩短到 T + 2，在此之前的几十年间，结算周期可能更长。在美国，T + 1 已经适用于国债结算，并将于 2024 年 5 月成为包括股票在内的所有证券的结算规范。对于外汇结算，大多数市场目前也采用 T + 2 结算，尽管一些货币之间采用 T + 1 结算，并且不同的平台甚至开始尝试支持 T + 0 结算，尽管交易量仍然很小。由于需要在达成交易和结算之间进行各种步骤，因此，结算需要时间。即便通过完全自动化及直通式程序进行，由于具有不同周期的系统之间的各种相互作用，这些流程不是即时的。因此，除了直通式处理之外，整体结算流

---

1. CPSS-IOSCO.（2012）. *Principles for financial market infrastructures*. Bank of International Settlements.

程及其所有步骤的设计对于缩短结算周期而言至关重要，也是降低结算风险的关键要求。

金融市场基础设施的高偿付能力、运营稳定性和弹性。金融市场基础设施本身的破产显然是结算过程中的一类主要风险。因此，金融市场基础设施应当有较高的资本缓冲和稳健安全的运营流程，以保护其免受财务损失。包括对第三方故障或犯罪活动的防范，例如网络提供商故障、网络犯罪风险等。

在无法保持偿付能力或流动性的情况下，金融市场基础设施的恢复和继续运作对于避免其直接停止运行的最坏情形至关重要。支付与市场基础设施委员会和国际证监会组织列举了五种类型的恢复工具：①分配参与者违约造成的未弥补损失的工具；②解决未弥补的流动性短缺的工具；③补充金融资源的工具；④用于中央对手方重新匹配交易的工具；⑤分配与参与者违约无关的损失的工具。[1]

对金融市场基础设施交易对手的质量（偿付能力、评级等）要求降低了交易对手无法履行其义务的可能性。即使有完全安全的金融市场基础设施和券款对付/对等支付结算等举措，交易对手未能交付也可能意味着损失，主要是因为：①交易对手违约可能给他人造成的流动性问题；②花在理解问题和厘清财务关系上的时间；③诉讼费；④合同的重置价值。

在参与者违约的情况下，信用风险的担保品可以保护金融市场基础设施及其参与者免受损失。担保品可以以现金或有价证券的形式提供。就证券而言，金融市场基础设施需要适用资格标准，例如信用评

---

1. CPMI-IOSCO.（2014）. *Recovery of financial market infrastructures*. Bank of International Settlements.

级至少为单一 A 级的债券，并对担保品的价值进行减记，以确保尤其
是在市场糟糕的情形下，其清算价值不会低于担保品相关的义务。

　　使用法律上合理的程序，而不依赖那些受到重大法律不确定性影 *22*
响的程序。下一节中将详细探讨这一问题。

2.3　法律确定性问题

　　支付和结算需要作为一种高效、绝对且强有力的所有权变更，因
此对于市场基础设施及其支付、清算和 / 或结算服务而言，法律确定
性无疑是一项压倒一切的目标。支付结算体系委员会和国际证监会组
织强调了金融市场基础设施法律风险的重要性。[1] 相应司法管辖区适
用的法律框架及金融市场基础设施与其参与者约定的合同安排界定了
金融市场基础设施、参与者和其他相关方（如托管人、服务提供商和
间接参与者）的权利和义务。所有各方的应急计划和风险管理依赖于
对各种情况下的法定权利和义务的假设，包括预期权利的可执行性。
如果金融运作的法律基础有缺陷或不确定性，各方均会面临难以控制
的风险，进而导致事前和事后各类效率低下问题。值得注意的是，法
律框架既包括规范财产、合同、破产、竞争和责任等基本法律工具的
各种规范，也包括具体的金融立法，例如关于金融市场及其基础设施
与其他参与者的授权和监管等法律法规。这两种类型的立法都可能产
生法律层面的不确定性和风险。有时，只有法庭案件和由此产生的裁

---

1. CPSS-IOSCO. (2012). *Principles for financial market infrastructures.* Bank of International
Settlements.

决才能揭示、创造或解决法律的确定性问题，进而可能引发新的立法或合同变更来解决相应问题。

由于金融市场基础设施的法律问题和相关维度繁杂众多，且在不同司法管辖区的表现也不尽相同，因此，本书无法对这些问题进行全面详细的审视。此处以结算终局性的概念作为一例简要展开。结算终局性是一个至关重要的概念，它指代关键金融风险何时在支付系统中转移，以及结算何时不可撤销，特别是在参与方破产的情况下。[1] 关键问题在于，破产的参与者与金融市场基础设施的交易是不是最终且可撤销的，或者破产管理人是否可以主张无效进而享有撤销支付（或交付证券）的权利，以将相关价值纳入破产总额中。在欧洲，《结算终局性指令》（1998 年 5 月 19 日欧洲议会和理事会关于支付和证券结算终局性的第 98/26/EC 号指令）第 3.1 条规定：

> 当转让指令在第 6（1）条所界定的破产程序开始之前进入系统时，转让指令和净额结算应具有法律效力，即便在对参与人提起破产程序的情况下，也应对第三方具有约束力。

第 5 条规定：

> 从系统规则规定的时刻起，系统中的参与者或第三方不得撤销转移指令。

---

1. CPSS-IOSCO.（2012）. *Principles for financial market infrastructures*. Bank of International Settlements.

结算终局性对于净额结算制度尤其重要，因为净额结算需要依赖于对终局性的假设，以避免在净额结算后因为违约实体债权和债务的分离而产生难以处理的问题。简而言之，由于其对资金转移的不可撤销性和义务的履行的重要性，结算终局性的模糊性可能成为金融系统健全运作的不确定性的主要来源。

2.4　金融市场基础设施的规制、监管和监督

中央银行监督金融市场基础设施的目的在于：①确保正在开发和已经运行的系统的有效性和安全性；②对照适用的标准和原则对系统进行评估；③鼓励必要的相关调整。

"监督"（oversight）一词出现在 20 世纪 90 年代，最初用于支付系统，随后也用于证券结算系统和中央对手方。支付结算体系委员会于 2005 年发表了关于此类问题的首批报告之一。在全球金融危机之后，支付结算体系委员会和国际证监会组织披露了一套全面的金融市场基础设施原则。[1]

传统上对监督和监管（supervision）的概念作了区分。监督通常与中央银行活动有关，以软法为基础，即使用说服或道德劝诫的手段，而非制裁权力，本质上更加定性。相比之下，监管具有规制性质，并且确实包括制裁的权力。因此，监督活动原则上是在中央银行的保护伞下进行的，监管则更多地是审慎监管机构的事情。然而，近

---

1. CPSS-IOSCO.（2012）. *Principles for financial market infrastructures*. Bank of International Settlements.

年来，随着监督与监管的目标和方法之间差距缩小，这种区别有所减弱。[1]

在很多情形下，有数家机构对特定的金融市场基础设施或金融市场运作类型负有一定的责任。因此，金融市场基础设施（例如中央对手方和中央证券存管机构）的立法者定义了主管机构和相关机构的概念，欧洲证券市场管理局（European Securities and Markets Authority, ESMA）列出了欧盟范围内的主管及相关机构列表。[2]

主管机构通过法规或立法拥有直接监管权，通常位于金融市场基础设施设立的司法管辖区。它们负责基于相应法规，对基础设施进行审批和授权，并对其持续监督。它们必须随时通知各利益相关方，并就共同事项与其他机构协商。

相关机构是对基础设施的正常运作有关的其他机构，它们在必要时参与其监督，但主要责任属于主管机构。相关机构包括中央对手方清算成员或非清算成员的监管机构。此外，相关机构还包括金融工具交易平台的监管机构，结算和交付交易金融工具的证券结算系统的监管机构，以及与之建立互操作性链接的基础设施的监管机构。

由于一些金融市场基础设施往往对数个国家和地区均很重要，它凸显出机构之间国际合作的必要性。全球金融市场基础设施合作监督安排的例子包括持续连接结算银行和环球银行金融电信协会。

• 持续连接结算银行（CLS Bank International）是一家总部位

---

1. BdF.（2018）. *Payments and market infrastructure in the digital age.* BdF Publication.
2. ESMA.（2021）. *List of designated competent authorities under securitisation regulation.* Available at: https://www.esma.europa.eu/document/list-designated-competent-authorities-under-securitisation-regulation; ESMA.（2022a）. *Relevant authorities for Central Securities Depositories* （*CSDs*）. Available at: https://www.esma.europa.eu/sites/default/files/library/esma70-151-887_csdr_list_of_relevant_ authorities_art_12_.pdf.

于纽约的美国银行实体，具有单一目的银行资格，业务范围有限，主要为外汇交易结算。它由美国联邦储备委员会监管，并得到纽约联邦储备银行的支持。纽约联邦储备银行负责该行审慎监管，并组织监督委员会（OC）负责持续连接结算系统的国际合作监管。持续连接结算银行受到其处理货币的中央银行之间合作监管协议的约束，美联储是主要监管机构。相应合作安排使得持续连接结算银行结算货币的所有发行中央银行都能有序参与持续连接结算系统的监管，从而确保持续连接结算在所有货币运行中的一致性、安全性和效率。合作监督安排与监督委员会实践共同确保持续连接结算银行遵守适用于支付系统和金融市场基础设施的原则，并通过对运营方变化的审查，以评估其对系统规则、操作条件，特别是其风险状况的潜在影响。

• 环球银行金融电信协会（SWIFT）是一家比利时有限责任合作公司，为金融机构和基础设施提供信息传输和连接服务（另见第 1 章）。SWIFT 的信息传输服务被 200 多个国家的 11000 多家金融机构使用，进而被认为是全球金融通信的支柱。SWIFT 的信息服务于 1977 年投入使用，以取代银行在提供跨境转账指令时使用的电传。作为全球金融机构和市场基础设施的重要服务提供商，SWIFT 的监督是在比利时国家银行领导的合作安排下进行的，这一安排包括了其他 G10 国家的中央银行。监督活动由若干机构管理，包括① SWIFT 技术监督小组；② SWIFT 合作监督小组，进行高层沟通；③执行小组，仅包括比利时、美国、英国、日本央行和欧洲央行，并代表监督小组与 SWIFT 进行高层协调；④ SWIFT 监督论坛，这是一个更广泛的团体，包括监督小组成员和来自其他 10 家中央银行的代表，它为探讨 SWIFT 监督政策和优先事项提供了一个平台。

2.5 《金融市场基础设施原则》

金融市场基础设施的全球标准是《金融市场基础设施原则》（Principles for Financial Market Infrastructures, PFMIs），[1] 它列举了适用于全球所有主要金融市场基础设施的总共 24 条原则。它们的引入源于支付结算体系委员会和国际证监会组织内部多年的讨论。鉴于这些原则的重要性，我们在此列出 24 项原则，并对其定义进行简要摘录。

原则 1：法律依据。金融市场基础设施应当在所有相关司法管辖区对其活动的每一项重大方面都有充分、明确、透明和可执行的法律基础。

原则 2：治理。金融市场基础设施的治理安排应清晰透明，促进金融市场基础设施的安全和效率，并支持更广泛的金融体系稳定、其他相关公共利益考量和利益相关者的目标。

原则 3：全面管理风险的框架。金融市场基础设施应具有健全的风险管理框架，能够全面管理法律、信用、流动性、操作和其他风险。信用和流动性风险管理。

原则 4：信用风险。金融市场基础设施应有效衡量、监测和管理其对参与者的信用风险，以及其支付、清算和结算过程中产生的信用风险。金融市场基础设施应保持足够的金融资源，以支付其对每个参

---

1. CPSS-IOSCO. (2012). *Principles for financial market infrastructures*. Bank of International Settlements.

与者的信用敞口。

原则5：担保品。需要通过担保品管理信用敞口的金融市场基础设施，应当接受信用、流动性和市场风险较低的担保品。金融市场基础设施还应设定并执行适当审慎性的减值和集中度限制要求。

原则6：保证金。中央对手方应建立风险为本的有效保证金制度并对其定期审查，覆盖其对所有产品参与者的信用敞口。

原则7：流动性风险。金融市场基础设施应有效地衡量、监测和管理其流动性风险。金融市场基础设施应对所有相关货币保持足够的流动资源，以便在各种可能出现的压力情况下，有高度的信心在日内（在适当情形下在日间或多日内）结算支付义务。

原则8：结算终局性。至少在交割日结束之前，金融市场基础设施应提供明确和确定的最终结算。在必要或有利的情况下，金融市场基础设施应在日内或实时提供最终结算。

原则9：货币结算。金融市场基础设施应在实际可行的情况下使用中央银行货币进行货币结算。如果不使用中央银行货币，金融市场基础设施应尽量减少和严格控制使用商业银行货币所产生的信用和流动性风险。

原则10：实物交付。金融市场基础设施应明确说明其在实物工具或商品交割方面的义务，并应识别、监测和管理相关风险。

原则11：中央证券存管机构。中央证券存管机构应该确保证券发行的诚信，并尽量减少和管理与证券保管和转让有关的风险。中央证券存管机构应以固定或非实体形式保存有价证券，以便通过簿记方式转让。

原则12：价值交换结算系统。如果金融市场基础设施结算的交易涉及两种关联债务的结算（例如，证券或外汇交易），它应该以一种债务的最终结算作为另一种债务最终结算的条件，从而消除本金风险。

原则13：参与者违约的规则和程序。金融市场基础设施应以有效且明确定义的规则和程序管理参与者的违约。这些规则和程序的设计应确保金融市场基础设施能够及时采取行动，控制损失和流动性压力，并继续履行其义务。

原则14：隔离和可移植性。中央对手方应该使参与者的客户的头寸和提供给中央对手方的有关这些头寸的担保品能够分离且具备可移植性。

原则15：一般商业风险。金融市场基础设施应该管理其一般商业风险，并持有足够的流动净资产，以支付运营期间的损失，使其持续经营。此外，其流动净资产在任意时点均应足以确保关键业务和服务的恢复或有序减少。

原则16：托管和投资风险。金融市场基础设施应保护其自身及其参与者的资产，并尽量降低资产损失或延迟交付的风险。金融市场基础设施的投资标的应为信用、市场和流动性风险最小的工具。

原则17：操作风险。金融市场基础设施应识别内部和外部操作风险的可能来源，并通过使用适当的系统、政策、程序和控制来减轻其影响。

原则18：准入和参与要求。金融市场基础设施应该有客观的、风险为本的、公开披露的参与标准，从而允许公平和公开的市场准入。

原则19：分层参与安排。金融市场基础设施应识别、监测和管理分级参与安排对金融市场基础设施产生的重大风险。

原则20：链接。与一个或多个金融市场基础设施建立链接的金融市场基础设施应识别、监测和管理与链接相关的风险。

原则21：效率和效果。金融市场基础设施在满足其参与者及其所服务的市场的需求方面应该是有效率和有效果的。

原则22：沟通程序和标准。金融市场基础设施应使用或至少适应相关的国际公认的通信程序和标准，以促进有效的支付、清算、结算和记录。

原则23：披露规则、关键程序和市场数据。金融市场基础设施应该有明确和全面的规则和程序，并应提供足够的信息，使参与者能够准确了解参与金融市场基础设施所产生的风险、费用和其他物质成本。所有相关规则和关键程序都应公开披露。

原则24：由交易存储库披露市场数据。交易存储库应根据相关部门和公众的需要，及时、准确地向其提供数据。

《金融市场基础设施原则》还为机构分配了五项职责，总结如下：

职责A：规制、监管和监督金融市场基础设施。根据这一责任，基础设施必须受到中央银行、市场监管机构或其他主管部门适当且有效的规制、监管和监督制度的约束。控制基础设施的标准必须是公开的。上述三类机构需要监督基础设施，其各自的角色应当由立法和监管框架明确界定。

职责B：规制、监管和监督的权力和资源。中央银行、市场监管机构和其他主管部门必须拥有必要的权力和资源，从而有效履行其规制、监管和监督金融机构的职责。

职责C：政策披露。中央银行、市场监管机构和其他主管部门必须明确规定和披露其规制、监管和监督金融机构的政策。

职责D：《金融市场基础设施原则》的应用。中央银行、市场监管机构和其他主管部门必须系统地应用《金融市场基础设施原则》。

28

职责 E：与其他机构合作。鉴于全球化金融市场基础设施监管的跨境性质，这一职责至关重要。

2.6 《金融市场基础设施原则》的实施：以欧盟为例

欧盟按基础设施类型划分了《金融市场基础设施原则》的实施情况，并反映在一级立法中：

• 中央对手方：2012 年 7 月 4 日，关于场外交易衍生品、中央对手方和交易存储库的 648/2012 号欧盟规则生效（简称《欧洲市场基础设施法规》或 EMIR），将适用于中央对手方和交易存储库的《金融市场基础设施原则》转换为欧盟法律。

• 系统重要性支付系统（Systemically Important Payment Systems, SIPS）：2014 年 8 月 11 日，关于系统重要性支付系统监督要求的第 2014/28 号欧洲央行规则生效，该条例对欧元区系统重要性支付系统适用《金融市场基础设施原则》（该条例随后于 2017 年进行了修订）。

• 中央证券存管机构：2014 年 9 月 18 日，根据《中央证券存管条例》（Central Securities Depositories Regulation, CSDR），关于改善欧盟证券结算和中央证券存管的第 909/2014 号欧盟规则生效，该条例将适用于证券结算系统和中央证券存管机构的《金融市场基础设施原则》转换为欧盟法律。

• 除了中央对手方、系统重要性支付系统和中央证券存管机构以外，2013 年 6 月 3 日，欧洲央行宣布管理委员会已采用《金融市场基础设施原则》对欧元体系下所有类型的金融市场基础设施进行监督。[1]

　　相较批发支付基础设施而言，零售支付在欧盟内部同样受到广泛监管。相关法律包括《交易费用规则》《支付系统指令 2》《电子货币指令》《支付账户指令》和《单一欧元支付区法规》。相关立法的经济目的可参见其导言部分。

　　欧盟通常通过监管技术标准（Regulatory Technical Standards, RTS）对立法进行补充，通常由欧洲证券市场管理局出台，并由欧盟委员会通过二级立法采用。监管技术标准会进一步明确规则中某些参数的细节，因为在许多情况下，规则本质上更具技术性，因此需要更详细的分析。监管技术标准可以设置一个流程，以确保标准适合于达到法规的目标。最后，三级立法是问答文件，通常由欧洲证券市场管理局（针对中央对手方或中央证券存管机构）或中央银行（针对支付系统）发布。在《拉姆法鲁西报告》（Lamfulssy Report）的基础上，[2]上述监管程序的三级架构于 2001 年被采用。

---

1. ECB.（2016）. *Eurosystem oversight policy framework*. Available at: https://www.ecb.europa.eu/pub/pdf/other/eurosystemoversightpolicyframework201607.en.pdf?91ca9f2f1d0fe85eced1fb2194be5660.
2. ESMA.（2022b）. *Lamfulssy report*. Available at: https://www.esma.europa.eu/sites/default/files/library/2015/11/lamfalussy_report.pdf.

3　零售支付

3.1　支付和支付手段

我们从文件和术语中常用的一些关键定义和概念开始。[1] 鉴于对明确定义的需求，律师和立法者已经开发并定义了与货币和支付手段相关的关键概念。[2]

（a）支付

支付可以定义为付款人向收款人接受的一方转移货币债权，通常是为了解除债务。用于支付的货币债权可以采取现金、电子代币、私人金融机构或中央银行存款余额的形式。电子支付包括发起、记录、信息传递、结算终局性和实际结算等几个步骤。通常，电子支付涉及多个层次。

（b）支付手段及其分类

呈现货币分类的一种方法是以韦恩图（Venn-diagram）的形式。[3] 韦恩图通常关注货币的四个关键属性：①发行方（中央银行或其他）；②形式（数字或实物）；③获取（广泛或有限）；④技术（点对点或基于账户的）。表3.1在多个维度上对上述分类进行了改进，并增加了一些重要示例。它也并未遵循韦恩图下对概念进行二进制分类的固有假设。考虑以下主要类别：

---

1. BIS.（2016）. *Glossary*. Available at: https://www.bis.org/cpmi/publ/d00b.htm.

2. Bossu, W., Itatani, M., Margulis, C., Rossi, A., Weenink, H., & Yoshinaga, A.（2020）. *Legal aspects of central bank digital currency: Central bank and monetary law considerations*. International Monetary Fund. IMF Working Paper WP/20/254.

3. CPMI.（2018）. *Central bank digital currencies*. Bank of International Settlements.

表 3.1　支付手段六分法：支付的历史、现在和未来

	物质状态 (M) 材料 (P) 纸张 (D) 数据	发行方 无 (N) 私人 (P) 公共 (C)	获取 开放 (A) 限制 (C)	记录 不记名 (B) 中央记录 (CL) 分布式 (DL) 多重分类账 (ML)	法律基础 无 (N) 立法 (L) 合同 (C)	连接性 离线支付 (Off) (On) 在线 到场 (P)
历史						
（1）贝类；早期金币	M	N	A	B	N	Off
（2）金币——1875	M	N	A	B	L	Off
（3）汇划银行——威尼斯 1300	P	P	A/C	ML	C	P
（4）公共汇款银行（1401—1875）	P	C	A/C	CL	L	P
（5）联邦信贷银行——那不勒斯 1600	P	C	A/C	CL+	L	Off
（6）汇票 1300—1960	P	P	A/C	B/ML	C	Off
（7）交子——中国纸币 1000	P	C	A	B	L	Off

（续表）

	物质状态 材料（M） 纸张（P） 数据（D）	发行方 无（N） 私人（P） 公共（C）	获取 开放（A） 限制（C）	记录 不记名（B） 中央记录（CL） 分布式（DL） 多重分类账（ML）	法律基础 无（N） 立法（L） 合同（C）	连接性 离线支付（Off） 在线（On） 到场（P）
现在						
（1）钞票	P	C	A	B	L	Off
（2）中央银行存款	D	C	C	CL	L	On
（3）商业银行存款	D	P	A/C	ML	C	On
未来						
（1）无担保加密资产（比特币）	D	N	A	DL	N	On
（2）稳定币	D	P	A/C	CL/DL/B（？）	C	On（Off）
（3）零售型央行数字货币	D	C	A（C）	CL/DL/B（？）	L	On（Off）
（4）批发型央行数字货币	D	C	C	DL	L	On

• 物质状态：就像人们在物理学中区分固体、液体和气体作为物质的状态一样，在支付手段的空间里，我们区分物质（M）、纸张（P）和数据（D）。

• 发行方：一种支付手段可以没有发行方（N），也可以是私人发行方（P）或公共发行方（C）。我们将公共发行简称为"C"，因为中央银行在大多数情况下是这些支付手段的发行方。但在 11 世纪的中国，政府是纸币形式的支付手段（交子）的发行方。

• 获取：支付可以对所有人开放（A）或受限（C），在许多情形下，货币有着广泛但并非普遍的获取方式，或者尽管参与者广泛，但仍需满足某些标准。

• 记录：持有人的记录，即确定支付手段单位所有权的方法和付款人的相关合法性（就身份和作为支付中转让的支付单位的所有者而言），可以通过持有票据的事实（B）来完成，或者通过分类账中持有人和持有的记录来完成。分类账可以是唯一的中央分类账（CL）、分布式分类账（DL）——在多个节点同时持有的分类账，以及多重分类账（ML），比如早期的汇款银行、代理行或分层基础设施（后两者未在表中显示）。

• 法律基础：支付手段可以完全根据习惯（即没有法律基础——"N"），或根据立法的具体规定，或通过合同安排来确定。

• 连接性：对某些支付方式而言，只要付款人和收款人彼此接近（离线——"Off"），就能够使用。在其他情况下，双方至少有一方（付款人或收款人，或合法代表）需要在某些特定地点，例如开证行（到场——"P"）。在早期的汇款银行业务中，通常指发起转账指令的情况。如今，大多数支付都是在线完成的，在付款人、收款人和一些中央计算基础设施之间的记录、验证和结算过程中需要电子信息（在线——"On")。

（c）记录数字支付手段的头寸并验证其合法性：账户与"代币"以及支付匿名的想法

有人说货币是基于两种基本技术之一：存储价值的代币或账户。代币允许点对点支付。现金是基于代币的，一些数字货币也应该是基于代币的，尽管根据定义，数字代币永远不可能像物理代币那样灵活自主。"数字代币"一词并不周延，欧洲央行避免使用该术语，而是使用数字"不记名"工具的表述（对应点对点转移的说法）。[1]与代币不同的是，中央银行存款和大多数形式的商业银行货币都是基于账户的。代币和基于账户的货币之间的关键区别在于交易时所需的验证形式。基于代币的支付要求收款人验证支付对象的有效性，而不是他或她的身份。伪造行为既可以影响物理代币，也会影响电子代币。相较之下，基于账户资金的系统则依赖于对账户信息的访问和对账户持有人身份的验证。因此，对基于账户的资金而言，身份的盗窃是一个风险。需要通过身份识别以将付款人和收款人正确地联系起来，并确定他们各自的账户历史。基于代币的支付方式则不需要验证付款人身份，允许匿名支付，此时，付款人可能因为或好或坏的动机而选择代币支付。因此，青睐基于代币的电子支付手段的观点背后往往是出于以下原因，即随着纸币使用的减少，应当有一种现代的电子支付手段，因为并不验证付款人的身份而与纸币具有同样的匿名性。然而，在电子空间中复制匿名性并非易事，它需要借助复杂的加密协议来模拟，值得注意的是，GNU Taler 正朝这个方向发展，[2]GNU Taler 是

---

1. ECB.（2020）. *Report on digital euro*. European Central Bank.
2. Chaum, D., Grothoff, C., & Moser, T.（2021）. *How to issue a central bank digital currency*. SNB Working Paper 3/2021.

一种在线支付工具，这也表明电子支付总会比现金支付留下更多的痕迹。比特币原则上也允许匿名，因此被广泛用于非法交易，但大多数人会通过一些经纪人持有比特币头寸，而鉴于经纪人往往需要身份证明，这样机构就能够对相关头寸和付款交易进行追踪。

（d）法偿性

除表 3.1 根据支付手段的法律基础而对货币进行的简单分类之外，还有其他与支付有关的法律概念。学者总结了对"货币""资金"和"支付工具"概念的法律理解。[1]"法偿性"（Legal tender）是货币的一个关键属性：它赋予债务人通过向债权人提供货币来履行货币义务的权利。从这一意义上说，电子货币和商业银行货币一般不享有法偿货币地位。因此，法偿性不是电子支付的关键概念，而是主要与纸币和硬币相关。在引入央行数字货币的情况下，它可能会产生一些有意思的问题。

3.2 支付简史

自从有经济活动以来，支付就已经存在了。[2] 以商品货币（即铸造的贵金属）形式的支付手段从公元前 1000 年左右开始出现，其早期历史本身就是一个颇有价值且研究充分的话题。虽然相较易货贸易而言，使用贵金属货币可以提高效率，但它仍然存在各种效率限制，

1. Bossu, W., Itatani, M., Margulis, C., Rossi, A., Weenink, H., & Yoshinaga, A.（2020）. *Legal aspects of central bank digital currency: Central bank and monetary law considerations*. International Monetary Fund. IMF Working Paper WP/20/254.
2. Bindseil, U., & Pantelopoulos, G.（2022a）. *Towards the holy grail of cross-border payments*. European Central Bank Working Paper Series No. 2693.

尤其是在大规模支付活动中，包括：①货币的结构性和周期性稀缺；②货币铸造和使用不完善导致的异质性和逆向选择；③使用单位的碎片化；④重量问题；⑤盗窃风险和储存运输成本等。[1]

因此，甚至在使用商品货币之前，早期阶段的人类交往和贸易就已经广泛依赖信用进行。[2]然而，基于欠条的金融体系有许多代理人，因此有多重债权和债务，这种状况扩张了代理人的资产负债表，为所有各方带来了额外的信用和流动性风险，需要对债务人进行高成本的监控，并关注最终付款。

一种避免欠条系统成本和缺陷的方法是，通过同质化的、不同来源的最高信用质量的欠条创造金融流动性，使这种欠条被所有人接受为支付手段和价值储存手段（即金融货币），进而在实现双边贸易结算的最终性方面发挥与铸币相同的作用，并且也不需要承担铸币本身的不便。如果该欠条具有最高的信用质量，则对其金融债权的更新总是一种改进（即可以视为的债权"结算"）。这种通用优质欠条的发行人需要信用质量、持续的信誉，并且这种信誉需要达到被普遍接受的规模。

大约在 12 世纪，随着存款银行的出现，意大利的金融货币开始形成，在 14 世纪时，威尼斯就已有高度发达的存款银行业。[3]早期的

1. Kohn, M. (1999a). *Early deposit banking. Working Paper 99-03*, Dartmouth College; Kahn, C., Quinn, S., & Roberds, W. (2014). Central banks and payment systems: The evolving trade-off between cost and risk. In *Norges Bank conference on the uses of central banks: Lessons from history*.
2. Graeber, D. (2012). *Debt: The first 5000 years*. Penguin.
3. Usher, A. P. (1934). The origins of banking: The primitive bank of deposit, 1200—1600. *The Economic History Review*, 4 (4), 399—428; De Roover, R. (1948). *Money, banking and credit in mediaeval Bruges: A study in the origins of banking*. Mediaeval Academy of America; Bindseil, U. (2019). *Central Banking before 1800: A rehabilitation*. Oxford University Press.

存款银行结合了汇票和本票业务，使交易各方即便在不同的银行拥有存款，也能够完成对彼此的支付活动。[1]直到 20 世纪中叶，汇票仍被广泛用作汇款工具。[2]

然而，早期存款银行的主要问题之一在于其不稳定性，当时银行挤兑和破产时常发生。[3]为了维持早期存款银行的贸易和商业效率，15 世纪建立了早期的公共存款银行（即中央银行），最早的是 1401 年巴塞罗那的 Taula。[4]早期公共银行在 17 世纪开始发行纸币，这些纸币也可以兑换成铸币。人们普遍认为首先从事此类业务的是 1661 年的斯德哥尔摩银行，但国家发行的纸币最早是在 11 世纪左右的中国出现的。

19 世纪下半叶见证了双层银行体系的广泛出现，私人银行在中央银行持有账户，或者清算系统自己在中央银行持有账户，以便在需要时以中央银行货币结算。电子货币转账和数字分类账在 20 世纪下半叶出现（例如 SWIFT），它引入了用于支付目的的银行间电子信息传输机制。

---

1. De Roover, R. (1953). *L'évolution de la lettre de change, XIV-XVIIIième siècles*, Paris, A. Collin.

2. Bindseil, U., & Pantelopoulos, G. (2022b). *A brief history of payment netting and settlement*. IBF Paper Series 01-2022.

3. Lattes, E. (1869). *La liberta delle banche a Venezia dal secolo*, XIII al XVII, Valentiner e Mues Libraj-Editori; Kohn, M. (1999b). *Bills of exchange and the money market to 1600*. Working Paper 99-04, Dartmouth College.

4. 有学者对早期中央银行进行了评述。Roberds, W., & Velde, F. R. (2014). *Early public banks*. Federal Reserve Bank of Atlanta Working Paper Series No. 1014-9; Roberds, W., & Velde, F. R. (2016). The descent of central banks (1400—1815). In *Central Banks at a crossroads: What can we learn from history*, 18—61; Bindseil, U. (2019). *Central Banking before 1800: A rehabilitation*. Oxford University Press; Bindseil, U. (2021). The future of central bank money: Digital currencies?. In Daniela Russo (Ed.) *Payments and market infrastructure two decades after the start of the European Central Bank* (pp. 290—302).

3.3　零售支付工具、方案和安排

零售支付由工具、方案和安排组成。欧洲央行在其《支付工具、方案和安排框架》[1]中进行了以下定义：

• 支付工具是最终用户和支付服务提供商在电子支付过程中共同约定的个性化设备、软件和一系列程序组合，用于发起、传输和执行支付指令。

• 支付方案是一套正式且标准化的规则，使最终用户之间能够通过通常由治理机构管理的电子支付工具转移价值。

• 支付安排是一组操作功能，当使用电子支付工具时，这些功能支持支付服务提供商的最终用户。支付安排由一个治理机构管理，它负责发布用于执行付款的条款和条件。除存储和注册个人安全凭证和数据外，操作功能还包括支付启动和执行。相关内容将在下一章支付系统中讨论。

3.3.1　支付工具

零售支付工具的部分示例如下所述：

支付卡通常是带有电子存储身份信息的塑料卡，由金融机构发给持卡人，持卡人可以使用客户在银行或信用账户中的资金，并通过电子转账进行支付，也可以在自动取款机上提取现金。

信用转移是一个付款指令，也可能是一系列付款指令，其目的是

---

1. ECB.（2021）. *Eurosystem oversight framework for electronic payment instruments, schemes and arrangements*. European Central Bank.

将资金置于受益人的支配之下。付款指令和相关资金均从付款人 / 发起人的银行转移至受益人的银行，其间可能通过其他几家银行作为中介，并且 / 或者经过多个信用转移系统。

直接借记是由收款人在付款人的银行账户上发起的、经过预先授权的借记。

通过自动取款机提现。顾客通过一些可机读的塑料卡从某个账户中取出钞票，这也意味着在他们的账户中进行借记。

关于零售支付工具的主要问题之一是社会成本。[1] 因此，这个行业的效率很重要。有大量文献试图比较不同工具（现金、借记卡和信用卡）的零售支付成本。[2]

3.3.2 支付方案

可以将零售支付方案进行如下分类：

银行卡支付方案。银行卡方案是与支付卡（如借记卡或信用卡）相关联的支付网络，银行可以成为其中的成员，并向客户发行信用卡或借记卡。

借记卡使持卡人能够将购物交易直接记入他在存款机构的账户上，借方通常仅在交易后的工作日（即"T + 1"）结算，意味着借记卡仍有一定的信用功能（与下文所述的基于即时支付的方案有所区别）。

信用卡是一种表明持卡人已被授予信用额度的卡片。它使持有

---

1. Schmiedel, H., Kostova, G. L., & Ruttenberg, W.（2012）. The social and private costs of retail payment instruments: a European perspective. *ECB Occasional paper* No. 137.
2. Junius, K., Devigne, L., Honkkila, J., Jonker, N., Kajdi, L., Reijerink, J., et al.（2022）. *Costs of retail payments—An overview of recent national studies in Europe.* ECB Occasional Paper No. 294; Wilkinson, M.（2011）. *Development of retail payment systems since 1949.* Thesis submitted to the Victoria University of Wellington.

人能够购物或提取现金，直至达到预先安排的上限；所授信用可以在一定期限内全部结算，也可以部分结算，余额作为继续授信。继续授信的金额往往需要收取利息，有时还会向持卡人收取年费。

在欧洲，许多国家银行卡（信用卡或借记卡）方案仍然发挥着重要作用。[1] 例如，在德国，Giro 卡（一种借记卡）包括"电子支付系统""电子现金"和"德国自动取款机系统"。Giro 卡是德国最常见的借记卡，发行超过 1 亿张，而在法国，Cartes Bancaires 是最广泛使用的支付方式，发行了超过 6000 万张。[2]

不过，究竟需要有几方共同完成零售支付结算的具体安排很可能各有不同。例如，美国运通和大来卡是三方（或三角）方案（消费者/持卡人、商家和卡方案）。在这种三方网络中，信用卡方案与消费者和商家都有合同关系。与此同时，四方（或四角）方案在卡方案提供商之外还涉及：①持卡人，②持卡人的金融机构，称为"发卡机构"，③商户，④商户的金融机构，称为"收单机构"。[3] 四方方案的例子包括 Visa 和 Mastercard 的借记卡和信用卡方案。

所有卡方案的商业模式都依赖于商家费用，即商家不会收到商品的全价，而需要在收款时扣除一定比例的费用。这笔费用随后在方案提供商（例如 Visa）、收单行和发卡行之间分配。收单行向发卡行支付的费用称为手续费。

---

1. 一些研究对于欧洲银行卡支付状况进行了概述。ECB.（2019）. *Card Payments in Europe——Current landscape and future prospects: a Eurosystem perspective.* European Central Bank; Emerging Payments Association EU.（2021）. *Key players in the European payments landscape.* Available at: https://www.luxembourgforfinance.com/wp-content/uploads/2021/06/EPA-EU-Key-players-in-Europe-2021.pdf.

2. BdF.（2018）. *Payments and market infrastructure in the digital age.* BdF Publication.

3. Occhiutto, K.（2020）. *The cost of card payments for merchants.* RBA Bulletin, March.

有大量研究分析了手续费的经济学问题，以及滥用手续费对支付效率的影响。[1] 欧盟通过《手续费条例》（EU 2015/751）加以限制，该条例规定借记卡的手续费不得超过 0.2%，信用卡的手续费不得超过 0.3%。通常认为欧盟对手续费的监管是比较有效的，而美国的手续费和商家总体费用往往要高得多，引发对于收益方案扭曲导致的潜在市场失灵的持续关注。[2]

电子货币方案，电子货币机构（Electronic Money Institution, ELMI）是欧盟立法中所使用的一个术语，用于界定受到简化的监管制度管理的信用机构，其活动仅限于发行电子货币以及提供与发行电子货币密切相关的金融和非金融服务。PayPal 就是一个典型的例子。电子货币机构的资产通常为银行存款的形式。像 Paypal 这样的大型电子货币机构通常也有一个拥有银行牌照的实体，因此无需在第三方银行持有大笔资金。

即时信用转移方案，欧元区一直致力于实现单一欧元支付区。单一欧元支付区旨在消除国家内部和国家之间的支付差异，进而在欧元区进行真正的国内支付。[3] 单一欧元支付区于 2008 年引入信用转移，随后于 2009 年引入直接借记，并于 2014 年在欧元区全面实施。在

1. Ausubel, L. M.（1991）. The failure of competition in the credit card market. *The American Economic Review*, 50—81; Schmalensee, R., & Evans, D. S.（2005）. *The economics of interchange fees and their regulation: An overview.* MIT Sloan Working Paper 4548-05; Verdier, M.（2011）. Interchange fees in payment card systems: A survey of the literature. *Journal of Economic Surveys*, 25（2）, 273—297; Börestam, A., & Schmiedel, H.（2012）. Interchange fees in card payments. *Journal of Payments Strategy and Systems*, 6（1）, 50—66.

2. Wang, L.（2023）. *Payment network competition.* Stanford University Working Paper. Available at: https://luluywang.github.io/PaperRepository/payment_jmp.pdf.

3. ECB.（2022）. *Single Euro Payments Area（SEPA）.* European Central Bank. https://www.ecb.europa.eu/paym/integration/retail/sepa/html/index.en.html.

支付效率方面，任何电子支付订单都能在一个工作日内执行。提升支付速度的需求还导致了单一欧元支付区即时信用转移（SCT Inst.）方案的引入，该方案在 24 小时 / 一周 7 天 / 一年 365 天的时间内运行，收款人能够在十秒钟内收到资金。单一欧元支付区即时信用转移于 2017 年投入使用。[1]

在单一欧元支付区即时信用转移的基础上建立的终端用户解决方案也越来越多，它们主要针对多点交互或点对点的移动支付解决方案。例如 Europe Klarna SCT、Bizum（西班牙）、iDeal（荷兰）和 Swish（瑞典）。而"欧洲支付倡议"旨在实现泛欧支付解决方案。这些支付方案大多是由银行集团运营的。

除欧洲以外，巴西和印度等国在建立基于点对点和互动地点支付的终端用户即时支付解决方案方面非常成功。印度支付方案（UPI）由印度银行和金融科技公司旗下非营利性的印度国家支付公司主办。2016 年，印度国家支付公司推出了 UPI，这是一种基于即时支付的、用户友好的实时支付解决方案。UPI 允许终端用户将银行账户添加到移动应用程序中，从而实现无缝资金转移和商户支付。UPI 建立了一个开放的协议，使得其他技术也可以在协议上构建，从而实现无限的网络效应。可以通过 UPI 访问超过 350 家银行的账户，目前 UPI 在印度的月交易量超过 70 亿美元，月活跃用户超过 1 亿。鉴于其拥有开放的架构，围绕 UPI 的生态系统仍在进一步发展。例如，Bharat QR 是一种二维码标准，允许对 UPI 用户进行点对点和互动地点的扫描支付。Bharat Billpay 则是一个账单支付服务，实现了高效、可

---

1. European Payments Council.（2022）. *SEPA Instant Credit Transfer*. https://www. europeanpaymentscouncil.eu/what-we-do/sepainstant-credit-transfer.

靠和安全的账单支付交易。BHIM Aadhaar Pay 使商家能够根据认证客户的生物特征接收客户的数字销售终端支付。印度国家支付公司还包括了一种国内银行卡方案 RuPay。除此之外，印度国家支付公司的目标之一是通过与各种外国运营商合作，让商家的销售终端系统通过 UPI 和 RuPay 平台接受印度游客的支付，从而实现全球覆盖。

Pix 于 2020 年 11 月推出，是一个由巴西央行开发、管理、运营和所有的即时支付解决方案，现已在 700 多家金融机构中使用，并且迅速成为当今巴西最有价值的支付解决方案。Pix 提供了一个移动数字钱包，允许终端用户通过使用别名或扫描二维码发起点对点和销售终端支付。Pix 还支持一些特定的使用场景，如公司之间的发票和账单支付（请求支付）、个人向政府的支付、企业向员工的支付等。Pix 在短短 2 年的运营中实现了惊人增长。截至 2022 年 10 月底，超过 1.3 亿消费者（约占巴西成年人口的 87%）和 1100 万家公司使用 Pix 进行支付。

UPI 和 Pix 表明了基于即时支付的支付解决方案的潜力，以及新兴经济体在支付技术发展层面超越成熟工业化国家的技术潜力。此外，印度和巴西两国分别采用了不同的治理方法：印度更多地依赖私人银行，由中央银行扮演催化剂的角色，而巴西央行则处于方案所有者和运营者的地位。

4 支付系统

4.1 概述

可以将支付系统定义为一套参与者之间转移资金的工具、程序和规则。支付系统既包括参与者，也包括运行相应安排的主体，它通常基于参与者之间、参与者内部或其与运行主体的协议，资金的转移是使用协商确定的基础设施进行的。根据 1998 年 5 月 19 日的 98/26/EC 号《欧盟结算终局指令》，支付系统由以下正式安排组成：

> • "在三个或更多参与者之间执行转账指令的共同规则和标准化安排，但不包括潜在的结算代理、中央对手方、清算所或间接参与者……
> • 受成员国法律管辖……
> • 由适用法律的成员国在认可其资格以后将其指定为……支付系统并告知委员会。"

支付系统参与者持有的资金会被记录在分类账中，资金的转移是通过借记付款人的账户和贷记收款人的账户来进行的。支付系统起源于私人存款银行业。如果一家私人汇划银行（private giro bank）在某些地区占据主导地位，并且很多支付交易都是通过该银行储户之间的转账完成的，根据上述定义，这家银行就接近于一种支付系统。然而，通常不会有一家私人存款银行占据绝对的主导地位。

第一个真正的完整支付系统是由早期的中央银行提供的，[1] 例如巴塞罗那的 Taula de Canvi（1401）、热那亚的 Casa di San Giorgio（1407）、威尼斯的 Banco di Rialto（1587），以及阿姆斯特丹银行（1609）和汉堡银行（1619）。所有这些银行都运行着支付系统，它们被商人、政府和富人大量使用。这些银行的程序规则都被保留了下来，规则中详细解释了存款人之间的转账协议，表明其作为一个汇款支付系统的目的。

付款也可以在支付系统之外进行。例如，通过商品货币或纸币进行支付就不需要支付系统。付款的结算是通过硬币或纸币的实物交付进行的。有些人认为，在当前或未来也可以通过"数字"代币实现类似物理代币的不记名转让形式，但它通常需要一些更加复杂的系统和框架。支付也可以在不符合支付系统条件的分类账系统中进行，例如通过代理行，或者在金融科技支付解决方案等闭环方案中进行。后者的例子包括 PayPal 或 SatisPay 中的点对点支付。

4.2　实时全额结算 vs 延迟净额结算系统

4.2.1　实时全额结算系统

实时全额结算（Real-time Gross Settlement, RTGS）系统以实

---

1. Bindseil, U.（2019）. *Central Banking before 1800: A rehabilitation*. Oxford University Press; Bindseil, U.（2021）. The future of central bank money: Digital currencies?. In Daniela Russo（Ed.）*Payments and market infrastructure two decades after the start of the European Central Bank*（pp. 290—302）.

时及全额为基础连续结算付款。实时全额结算系统的主要优点是，在当日处理付款时，交易是最终结算的，因此减少了银行之间的风险敞口。然而，实时全额结算系统要求银行有足够的流动性来支付每次付款的总额。参与者需要以中央银行存款的形式持有流动性，或者以提供担保品的方式从中央银行获得信用。从这个角度来看，担保品的充足性和可用性是实时全额结算系统运行良好的关键支持因素。

实时全额结算系统在 20 世纪 90 年代占主导地位，[1] 并且在以下几项因素的影响下成为支付系统的中心。首先，大多数金融市场基础设施在当日结束时（或日内）在实时全额结算系统中结算支付，因此从系统性的角度来说，实时全额结算系统至关重要；其次，所有相关银行（以 1600 年左右的欧洲地区为例）都有实时全额结算账户；最后，实时全额结算系统持有包含纸币之外的中央银行货币账户。银行在中央银行的准备金是货币政策实施的焦点。隔夜利率——收益率曲线的起点——是借入隔夜准备金的价格，即在实时全额结算账户（以及其他相关的中央银行流动性账户）中持有中央银行货币的价格。由于上述原因，中央银行通常运行实时全额结算系统。

实时全额结算系统有可能出现僵局，通常通过以下因素判断僵局风险以及避免风险所需的流动性水平：①支付的总额；②支付的集中度和最大支付规模：考察支付的"颗粒度"，相较没有极端值的小额

1. CPSS.（1997）. Clearing arrangements for exchange-traded derivatives. Report prepared by the *Committee on Payment and Settlement Systems of the Central Banks of the Group of Ten Countries*, Bank of International Settlements, Basle; Bech, M. L., Preisig, C., & Soramaki, K. （2008）. Global trends in large-value payments. *Economic Policy Review*, 14（2）; Bech, M. L., Shimizu, Y., & Wong, P.（2017）. The quest for speed in payments. *BIS Quarterly Review*, March.

支付交易而言，存在更多极端值则更容易出现风险；③一天内付款时间安排的不规律性：相较规律的、分布均匀的时间安排而言，集中的大量支付更容易出现风险；④参与者以牺牲他人为代价来节省自身流动性需求的策略性支付行为：相较协作支付而言，各方都拖延支付的行为更容易出现风险。延迟付款可能会给付款人节省流动性，但也可能使得最终的支付结算延迟，在最坏的情况下会产生僵局，因为每家银行都在等待另一家银行先付款，导致付款最后没法结算。即使没有导致僵局，延迟付款也可能意味着在当天结束时集中支付，从而产生额外的风险。此外，通过延迟付款节省流动性的方法整体而言可能不会起效，因为"储存流动性的游戏"类似于囚徒困境，最终会使得所有人的情况都变得更糟。

实时全额结算系统可以通过算法实现节省流动性的机制，使其在不承担任何信用风险也不通过债的更新的情况下实现净额抵消。[1] 通过算法匹配双边或多边的单个支付交易，并且同时对其进行抵消，这种做法大大降低了流动性需求，也不会增加类似延迟净额结算系统下的额外风险。

为了更好地演示这种流动性节省机制，举例假设三家银行（A、B、C）通过支付系统相连，A银行需要向B银行支付100个单位，B银行需要向C银行支付100个单位，C银行则需要向A银行支付100个单位（图4.1）。支付义务可以用箭头或连接符来表示，下图中箭头终点的一方需要通过箭头起点一方的付款来结算债权。图论研究通常通过节点（"顶点"）和这些节点之间的链接（"边"）来描述和

---

1. Martin, A., & McAndrews, J. (2008). Liquidity-saving mechanisms. *Journal of Monetary Economics*, 55 (3), 554—567; Atalay, E., Martin, A., & McAndrews, J. (2010). *Quantifying the benefits of a liquidity-saving mechanism*. FRB of New York Staff Report No. 447.

44 　分析问题。[1] 无向图是两个点对称连接的图表，而有向图以有方向的、不对称的方式连接节点，用箭头而不是直线表示连接关系。

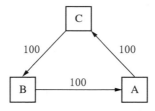

图 4.1　三家银行的环形债权

　　此时，通过计算净额就可以节省各方的流动性，使得在①不需要任何银行的流动性，②没有任何信用风险，③也不需要任何债的更新的情况下，所有支付交易立即结算并且支付债务的循环可以直接消除。如果没有流动性节省机制，上述支付义务的结算将取决于可用的流动性和各家银行的支付行为，最坏的情况下，支付可能都不会发生。例如，如果只有 A 银行的流动性为 100 个单位，则上述所有支付的顺利运作都取决于 A 银行使用其流动性进行支付的意愿。如果 A 银行在上午实时全额结算系统开通后向 B 银行发起支付，而 B 银行在收到 A 银行的付款后不久发起支付，随后 C 银行也很快向 A 银行付款，那么这三笔付款都可以结算。然而，如果 A 银行认为它在其他地方也可能需要流动性，因此不愿使用其流动性，那么系统就可能会陷入僵局。A 银行可能会在确定不再需要其他额外流动性时，等到晚些时候再支付，但这可能意味着 B 银行和 C 银行的后续支付无法在实时全额结算系统关闭之前通过，导致 A 银行也无法从 C 银行收到 100 个单位的付款，进而蒙受损失。相反，如果所有银行都有至

1. Bang-Jensen, J., & Gutin, G.（2007）. Theory, algorithms and applications. *Springer Monographs in Mathematics*, Springer-Verlag London.

少 100 个单位的流动性并立即使用，那么所有的支付交易都可以独立处理，无需互相依赖，此时即便没有流动性节省算法，支付交易也会发生。

实践中的支付链条当然要复杂得多，因此为防止僵局采取的净额算法与流动性所带来的优势也要大得多。例如，上例中的支付循环可以有 1000 家银行，不是仅有 3 家银行。或者可能在 1000 家银行中，每家银行在当天至少有 10000 项支付义务和 10000 项预期的付款流入，这些支付的规模各不相同。此时，将支付义务、流动性缓冲和净额算法的错综网络精准结合，能够成为系统日内支付顺利运行的关键因素，反过来说，也可能因为参与者缺乏或囤积流动性，进而导致支付未能在当天发生。

4.2.2 延迟净额结算系统

在延迟净额结算（Deferred Net Settlement, DNS）系统中，支付订单会在全天累积，并在一天结束时（也可能一天多次）以中央银行货币结算净额（在实时全额结算系统中）。[1] 通过对支付订单的净额结算，延迟净额结算系统对结算的流动性要求明显降低，日内支付模式对结算的影响也要小得多，在当日支付订单累积到一天结束时结算的情况下，支付模式实际上根本没有影响。[2]

延迟净额结算系统隐含的缺点是，参与者可能在累积支付订单和延迟结算期间面临信用风险。由于在一天结束时才能实现最终结算，

45

---

1. CPSS.（2003）. *The role of central bank money in payment systems*. Bank of International Settlements, Basle.

2. Willison, M.（2004）. *Real-time gross settlement and hybrid payment systems: A comparison*. Bank of England Working Paper No. 252.

净额最终能否结算在理论上是不确定的，因为参与者在一天结束时可能缺乏履行其义务所需的流动性。此时，在最坏的情况下需要解除所有支付，使得付款无法结算，并且意味着所有其他参与者都将面临流动性风险。在理想状态下，解除支付后可以重新计算剩余参与者之间的义务，以便尽可能多地结算付款。为避免上述情形，如今延迟净额结算系统往往有流动性支持、担保资金和参与者质量标准等内置风险缓释措施。

纯粹的实时全额结算系统（即没有任何流动性节省算法）和纯粹的延迟净额结算系统（累积所有支付直至一天结束时进行单一净额结算）是理论上的两个极端，在实践中基本不存在。延迟净额结算系统通常需要预先提供流动性，并在当日有几个结算周期。而大多数实时全额结算系统都采用了节省流动性的算法，以减少参与者的流动性需求和陷入僵局的可能性。虽然人们因此可以将其中一些支付系统归类为"混合"类别，但二者的关键区别仍然是，实时全额结算系统不应允许任何与清算支付有关的信用风险或债的更新。

4.3 大额支付系统 vs 零售支付系统

大额支付系统（Large Value Payment Systems, LVPS）是用于结算银行间大额支付的系统。大额支付可以是客户支付，通常由公司发起，也可以是银行间支付，即由与客户订单无关的银行间金融交易产生的支付，或者由其他系统（如零售支付系统的日终净头寸）产生的债权结算支付。零售支付系统（Retail Payment System, RPS）则是一种结算零售支付（即由家庭和小型企业发起的支付）的系统。

虽然大额支付系统通常与实时全额结算系统相关联，零售支付系统则与延迟净额结算系统相关联，因为延迟净额结算的优势随着支付的颗粒度和数量而增加，而相关的风险则会随之降低，但这种明显的差异最近变得模糊了。例如，表 4.1 根据实时全额结算 / 延迟净额结算和大额支付系统 / 零售支付系统的维度列举了一些支付系统。这两个分类维度下的所有不同组合在现实中都存在。例如，欧元区有两个主要的大额支付系统，一个是私人的混合型系统（EURO1），另一个是 TARGET2 系统。尽管 TIPS 是一种零售支付系统，但在实时全额结算的基础上用中央银行货币结算支付。

下文逐一对上述系统进行简要分析。

表 4.1　实时全额结算 vs 延迟净额结算系统——大额支付系统 vs 零售支付系统

46

	大额支付系统	零售支付系统
实时全额结算	TARGET2（欧洲央行） CHAPS（英格兰银行） Fedwire（美联储）	TIPS（欧洲央行） RT-1（EBA 清算—欧盟）[a]
延迟净额结算	EURO1（EBA 清算—欧盟） CHIPS（清算所—美国）	STEP2-T（EBA 清算—欧盟）

[a] 通常情况下，像 RT-1 这样的私人即时支付系统不被归类为实时全额结算系统，因为实时全额结算不是在中央银行货币中进行的，而是在由中央银行货币完全支持的流动性中完成的。

1. 大额支付系统——实时全额结算（1）：TARGET2

TARGET2 于 2007 年替代 TARGET1，成为欧元区第一个一体化的实时全额结算支付平台。它由欧元系统（Eurosystem）运营，就支付量而言，它是欧元区最大的支付系统。[1]支付订单是按逐笔交易、先进先出的原则处理的。如果参与者缺乏足够的流动性完成支付，则会将订单放在队列中。TARGET2在担保基础上提供日内信用，并采用了节省流动性的净额算法，从而降低缺乏流动性和潜在结算延迟的可能性。[2]根据2021年TARGET2年度报告，该系统结算了9600万笔付款，平均价值约为500万欧元。银行的客户支付占TARGET2总流量的60%，其次是银行间支付（27%）、辅助系统支付（7.5%）和央行操作（5.9%）。截至2021年底，共有78个辅助系统使用TARGET2进行结算，包括31个零售支付系统、22个证券结算系统和19个清算所（包括4个中央对手方）。

2. 大额支付系统——实时全额结算（2）：CHAPS

清算所自动支付系统（CHAPS）是由英国的英格兰银行运营的实时全额结算系统，尽管CHAPS的相关责任在2017年才转移到英格兰银行。CHAPS有30多家直接参与者，另有5000多家金融机构通过直接参与者在CHAPS进行支付。[3]CHAPS还采用了节省流动性的净额结算算法，[4]英格兰银行也会在担保的基础上提供日内流动性。[5]

3. 大额支付系统——实时全额结算（3）：Fedwire

Fedwire是美国纽约联邦储备银行提供的实时全额结算系统。正

---

1. ECB.（2019）. *Card Payments in Europe—Current landscape and future prospects: a Eurosystem perspective*. European Central Bank.

2. ECB.（2021）. *TARGET annual report 2020*. European Central Bank.

3. Bank of England.（2022）. *CHAPS*. Available at: https://www.bankofengland.co.uk/payment-and-settlement/chaps.

4. Davey, N., & Gray, D.（2014）. How has the liquidity saving mechanism reduced banks' intraday liquidity costs in CHAPS?. *Bank of England Quarterly Bulletin*, Q2.

5. Bech, M. L., Preisig, C., & Soramaki, K.（2008）. Global trends in large-value payments. *Economic Policy Review*, 14（2）.

如联邦储备系统理事会所述，存款机构和其他机构在纽约联邦储备银行持有账户，从而代表客户进行支付交易。Fedwire用于时间紧迫的支付（例如，金融基础设施之间的支付），有超过5000家机构使用其支付服务。2022年，Fedwire共执行了1960亿份转账订单，平均价值540万美元。因此，日均转账订单价值超过4万亿美元。

4. 大额支付系统——延迟净额结算（1）：EURO1

EURO1是由欧洲主要银行共同所有的EBA清算公司开发和运营的欧元大额支付系统。EURO1在1999年1月随着欧元的推出开始运作。EURO1的直接参与者是51家银行，它们同时也是EBA清算公司的股东。与许多其他欧元区支付系统相比，EURO1的特点在于它是泛欧洲的，因此它在欧元系统的实时全额结算（TARGET2系统）之外还为欧洲主要信贷机构提供了进一步的私人大额支付服务。为提高流动性效率，EURO1以净额结算，EURO1在连续的基础上实现结算终局性，无需等待参与者净头寸在一天结束时在TARGET2的结算。为了控制由净额机制产生的信用风险，EURO1采用了双边和多边限制框架。只有参与者的双边头寸未达到设定上限的情况下，才能够最终支付。每个参与者都对其交易对手方给予双边限制。这些限额由强制限额和任意限额组成。任意限额可以设定在0至5000万欧元之间。在违约的情况下，任意限额也构成了未违约参与者损失分配计算的基础。[1]

5. 大额支付系统——延迟净额结算（2）：CHIPS

CHIPS是一家私人经营的美国大额支付系统，由清算所公司

---

1. BdF.（2018）. *Payments and market infrastructure in the digital age*. BdF Publication; EBA Clearing.（2022a）. *Single payments EURO1*. Available at: https://www.ebaclearing.eu/services/euro1/overview/.

（The Clearing House，一家由银行所有的公司，类似于欧洲的 EBA 清算公司）运营。清算所解释说，CHIPS 系统采用了一种流动性节省算法，可以在双边或多边基础上匹配交易并计算净额。[1] 虽然 CHIPS 不是严格意义上的实时全额结算系统，但它确实在逐笔的基础上处理一些支付订单。CHIPS 有超过 40 个直接参与者，每天处理超过 40 万笔支付订单（总价值约 1.8 万亿美元）。

6. 零售支付系统——实时全额结算（1）：TIPS

TIPS 可以看作是由欧元系统运行的类似实时全额结算的即时零售支付系统。如欧洲央行所述，TIPS 在全年每日 24 小时内对欧元即时支付提供最终且不可撤销的结算服务。[2] 参与该系统的支付服务提供商可以在其中央银行专用账户中持有流动性，并通过该账户结算支付。不过，参与者只能在 TARGET2 的开放时间内为这些专用账户补充资金。

7. 零售支付系统——实时全额结算（2）：RT1

EBA 清算公司还提供一个名为 RT1 的私人泛欧即时支付方案。[3] 这是一个以中央银行资金全额预付的实时全额结算系统，全年每日提供 24 小时支付服务。RT1 通常在约一点几秒的时间内执行支付交易。该系统平均每天完成约 170 万笔支付。以泛欧系统 TIPS 和 RT1 为代表的即时支付系统的兴起是一个全球现象。如支付与市场基础设施委员会所述，全年每日 24 小时全天候执行零售支付的快速支付服

---

1. The Clearing House. (2022). *About CHIPS*. Available at: https://www.theclearinghouse.org/payment-systems/chips.

2. ECB. (2022a). *What is TARGET Instant Payment Settlement (TIPS)?*. Available at: https://www.ecb.europa.eu/paym/target/tips/html/index.en.html.

3. EBA Clearing. (2022b). *Instant RT1 payments-Overview*. Available at: https://www.ebaclearing.eu/services/rt1/overview/.

务正变得越来越普遍。[1]美国最近启动了名为 FedNow 的系统，清算所公司自 2018 年以来也一直在运营一个名为 RTP 的系统。在英国，私营部门已经通过引入快速支付服务提供了十多年的即时零售支付业务。[2]

8. 零售支付系统——延迟净额结算 / 实时全额结算（1）：STEP2-T

EBA 清算还运营 STEP2-T 零售支付系统，用于结算单一欧元支付区交易（即银行客户之间的信用转账或直接借记）。STEP2-T 于 2003 年推出，自 2013 年以来一直是欧洲领先的零售支付系统。该系统实际上根据使用的单一欧元支付区支付工具提供不同的结算服务。STEP2-T 大约有 130 个成员。虽然它最初以每日五个结算周期运作，但它在 2022 年转向了预先融资的全额结算方式，允许类似实时全额结算的即时结算。EBA 清算解释说，在新的安排下，"参与者在技术账户（TARGET2 技术账户）中维持由欧洲央行保存的中央银行资金余额，以供系统使用。该余额在参与者发送或接收的每一个单独的双边支付指令结算后实时调整，并通过 ASI-6-Real-Time 从参与者的 TARGET2 实时全额结算账户中获得资金"。[3]

1. CPMI.（2016）. *Fast payments — Enhancing the speed and availability of retail payments*. Bank of International Settlements; CPMI.（2021）. *Developments in retail fast payments and implications for RTGS systems*. Bank of International Settlements; Bech, M. L., Hancock, J., & Zhang, W.（2020）. Fast retail payment systems. *BIS Quarterly Review*, March.
2. Greene, C., Rysman, M., Schuh, S., & Shy, O.（2018）. *Costs and benefits of building faster payment systems: The UK experience*. Working Paper Series No. 4. West Virginia University.
3. EBA Clearing.（2022c）. *Continuous gross settlement*. Available at: https://www.ebaclearing.eu/services/step2-t-system/settlement-continuous-gross-settlement-cgs/.

4.4　支付层次和财务账户示例

第 1 章介绍了金融市场基础设施和支付系统中普遍存在的分层现象。现在我们回到支付结算这一特定背景下的分层问题。在涉及非银行的终端用户（如普通民众）的零售支付中，支付涉及各种操作层。例如，消费者在互动地点（Point of Interaction, POI）使用前端支付工具，例如使用与其银行账户关联的移动支付 App，或者基于（虚拟）卡的 Apple-Pay 等支付方案。在它们背后是一个方案层，例如欧洲的 SEPA SCT INST（用于即时支付）或银行卡方案。接下来是清算层，最后是结算层。基于即时支付的零售支付解决方案往往针对不同层次的各种模块开放，而基于信用卡或电子货币方案的支付往往更加集成且具备专有性。通过直接借记的方式结算商业银行资金的 PayPal 则是结合各层方案的另一个例子。然而，这种分层并不一定等同于实际结算的分层。

49　　在后续内容中，我们将重点关注结算过程，区分具有单一结算层的支付和涉及两个结算层的支付，并通过财务账户举例说明各种相关情形。此外，我们还会给出一项具有三个结算层的示例。

4.4.1　单一结算层支付

（1）所有的交易人员都在一家银行有账户。单层支付系统的第一类情形是甲乙两人都在同一家商业银行拥有账户，此时乙向甲出售汽车，通过银行存款转账进行支付（表 4.2）。

表 4.2　单一银行支付

X 国—货币 X			
甲			
其他资产	X	权益	X
车辆	+ a		
银行存款	X − a		
乙			
其他资产	X	权益	X
车辆	− a		
银行存款	X + a		
银行			
其他资产	X	甲的存款	X − a
中央银行存款	X	乙的存款	X + a
		权益	X

除单一银行存款账户以外，类似 PayPal 或 SatisPay 这样的闭环金融科技服务商提供的点对点支付方案同样属于类似结构（参见第5章）。

（2）代理行。在代理行模式下，银行不是通过支付系统结算支付，而是互相借记或贷记彼此的账户（Vostro/Nostro/Loro 账户[1]）。代理行模式在跨境支付中仍然很常见，第5章将对此进行探讨。此处假设甲在银行1开设账户，乙在银行2开设账户，乙将一辆车卖给甲（表4.3）。

---

1. 译者注：Vostro/Nostro/Loro 账户源于意大利语，意为"你在我这的账户""我在你这的账户""它们在你这的账户"，关于三类账户和代理行体系的详细内容，参见本书第5章。

表 4.3　代理行支付

X 国—货币 X			
甲			
其他资产	X	权益	X
车辆	+ a		
银行 1 存款	X – a		
银行 1			
银行 2 Nostro 账户	X – a	甲的存款	X – a
其他资产	X	银行 2 Vostro 账户	X
中央银行存款	X	权益	X
银行 2			
银行 1 Nostro 账户	X	乙的存款	X + a
其他资产	X	银行 1 Vostro 账户	X – a
中央银行存款	X	权益	X
乙			
其他资产	X	权益	X
车辆	– a		
银行 2 存款	X + a		

（3）纯粹银行间支付。另一种形式的单一结算层支付发生在有中央银行账户权限的银行相互发放银行间贷款时（即纯粹的银行间交易）。下面我们假设银行 2 向银行 1 发放了一笔银行间贷款，并在未来某个时点偿还，这笔贷款在实时全额结算系统中经中央银行结算（表 4.4）。

表 4.4　银行间支付

X 国—货币 X			
银行 1			
其他资产	X	存款	X
中央银行存款	X + a	来自银行 2 的贷款	+ a
		权益	X
银行 2			
其他资产	X	存款	X
中央银行存款	X − a	权益	X
向银行 1 的贷款	+ a		
中央银行 X			
其他资产	X	银行 1 存款	X + a
		银行 2 存款	X − a
		纸币	X
		权益	X

（4）中央银行货币的直接支付。单一结算层支付的最后一个例子是，甲通过使用纸币或央行数字货币直接付款，从乙处购买汽车（表 4.5）。

表 4.5　纸币支付

X 国—货币 X			
甲			
其他资产	X	权益	X
车辆	+ a		
纸币	X − a		

X 国—货币 X			
乙			
其他资产	X	权益	X
车辆	− a		
纸币	X + a		
中央银行			
其他资产	X	纸币	X
		权益	X

虽然以代币为基础的匿名央行数字货币形式的支付不会在中央银行的账簿上登记（即类似于纸币支付），但基于账户的央行数字货币形式（见第 9 章）会引起中央银行分类账的变化（表 4.6）。

表 4.6　使用央行数字货币账户支付

X 国—货币 X			
甲			
其他资产	X	权益	X
车辆	+ a		
央行数字货币	X − a		
乙			
其他资产	X	权益	X
车辆	− a		
央行数字货币	X + a		
中央银行			
其他资产	X	甲的央行数字货币	X − a
		乙的央行数字货币	X + a
		纸币	X
		权益	X

4.4.2 双层结算层支付

（1）甲为购买汽车而去取款，并将纸币支付给乙，乙再将纸币存入银行。在这种情况下，有第二个支付层间接介入。纸币用于支付，但最终乙通过将纸币存入银行来重新调整其持有的纸币数量。因此，纸币只是暂时用于结算，但最终结算的是商业银行货币。这种状况可能是因为存款人担心纸币损毁或被盗等保管风险，因此不愿持有大量纸币。假设具体步骤如下：

- 甲从银行 1 的自动柜员机中取出一些纸币（a1）。
- 然后，甲用纸币从乙那里购买了这辆车（a2）。
- 乙再将纸币存入银行，银行随后立即将其转交给中央银行（a3）（表 4.7）。

表 4.7 用纸币支付，随后将纸币归还中央银行

X 国—货币 X			
甲			
其他资产	X	权益	X
车辆	+ a2		
在银行 1 的存款	X – a1		
纸币	X + a1 – a2		
银行 1			
其他资产	X	甲的存款	X – a1
中央银行存款	X – a1	权益	X
银行 2			
其他资产	X	乙的存款	X + a3
中央银行存款	X + a3	权益	X

X 国—货币 X			
乙			
其他资产	X	权益	X
车辆	$-a_2$		
在银行 2 的存款	$X+a_3$		
纸币	$X+a_2-a_3$		
中央银行			
其他资产	X	银行 1 存款	$X-a_1$
		银行 2 存款	$X+a_3$
		纸币	$X+a_1-a_3$
		权益	X

（2）通过自动清算所（Automated Clearing House, ACH）即时结算的零售支付系统：无需预先融资。现在我们对通过信用转移进行的双层结算层零售支付进行举例说明，假设各个步骤不是同时进行的。零售支付系统体现在私人自动清算所的账户中。尽管在示例中，我们假设银行在自动清算所账户上有负余额，但实际上，任何负头寸都需要在当天结束时归零。

• 仍然假设乙将一辆车出售给甲，甲通过手机银行应用程序向乙的银行账户付款。此时立刻借记甲的银行账户（a_1）。我们假设乙能够验证支付，并在同一时点交付汽车。

• 随后，银行 1 向自动清算所提交交易，自动清算所在其分类账中将资金从银行 1 转移到银行 2，即分别借记和贷记两家银行在自动清算所的资金头寸（a_2）。

• 结算周期在当天结束时开始，交易在实时全额结算系统中结算，各银行在自动清算所的存款归零（a3）。我们假设没有其他客户的转账订单，此时账户的调整恰好仅代表甲乙之间支付交易的影响。

• 银行2收到自动清算所转账的支付信息，它为其提供了有关转账性质的必要信息内容，以及向它的一个存款人（即乙）银行账户进行贷记的相关需求（a4）。账户的贷记可以在自动清算所结算后的当日发生，也可能在第二天进行。

请注意，由于各个步骤在时间顺序上的先后差异（在财务账户中有四个按顺序发生的事件），上述几个步骤均导致欠条（借贷）的产生，并在结算发生时再次消失。这是典型的非同步多层支付过程，意味着各方资产负债表的暂时性扩张。为了简单起见，我们没有在表4.8的账户变动中显示这些欠条。例如，银行1在时间点1（a1）借记了甲的存款账户，但银行1在自动清算所上的账户借记却发生在时间点2（a2）。在此期间，银行1必然会对甲有类似于欠条的负债，一旦银行1的自动清算所账户被借记，这种负债就会被解除。此时，甲对银行1的欠条债权变成了他在自动清算所上的欠条债权。此外，在时间点1和时间点4之间，由于乙已经向甲交付了汽车，但他尚未收到付款，因此甲对乙有欠条类型的负债，如果金融体系在时间点1和时间点4之间出现违约，那么会由法庭来检验谁应对损失负责（即谁是这些临时欠条的真正债务人）的问题，它表明法律确定性和结算终局性的重要意义。还要注意的是，在完全没有预先为自动清算所提供资金的情况下，自动清算所在实时全额结算系统中甚至不需要一个辅助系统账户——只有银行之间的净额结算指令需要从自动清算所传输到实时全额结算系统（表4.8）。

如果银行在自动清算所的存款账户中有负余额，那么就意味着自动清算所（以及其他正余额的银行）面临信用风险敞口，这种状况通常是不被接受的。为了降低这种信用风险，可以要求对负余额提供担保。

表 4.8　通过自动清算所进行的银行转账支付

X 国—货币 X			
甲			
其他资产	X	权益	X
车辆	+ a1		
在银行 1 的存款	X – a1		
纸币	X		
银行 1			
其他资产	X	甲的存款	X – a1
在中央银行的存款	X – a3	权益	X
在自动清算所的存款	– a2 + a3		
自动清算所			
其他资产	X	银行 1 存款	– a2 + a3
		银行 2 存款	+ a2 – a3
银行 2			
其他资产	X	乙的存款	X + a4
在中央银行的存款	X + a3	权益	X
在自动清算所的存款	+ a2 – a3		
乙			
其他资产	X	权益	X
车辆	– a1		
在银行 2 的存款	X + a4		
纸币	X		
中央银行			
其他资产	X	银行 1 存款	X – a3
		银行 2 存款	X + a3
		纸币	X
		权益	X

（3）自动清算所完全预先融资时的零售即时支付。在欧元区，提供即时支付的私人支付系统依赖于中央银行货币的完全预先融资机制。有人可能会因此认为，预先融资机制允许自动清算所以中央银行货币提供结算，但事实并非如此。相反，结算由中央银行的资金支持，而自动清算所在自己的账簿上提供结算的终局性。在大多数国家，这种结构的结果是在自动清算所违约的情况下，银行对中央银行持有的自动清算所资金拥有请求权。

完全预先融资的自动清算所可以在每日撤资的情况下运作，从而使自动清算所的账户归零，也可以没有撤资安排。在下文中，我们假设自动清算所中的账户在当日结束时必须通过撤资操作归零。此时，甲通过即时付款从乙处购买了一辆汽车。如果预计每天会有一个融资和撤资周期，那么上午自动清算所业务开始之前会进行融资转账。但在一个每周 7 天 24 小时运行的系统中，在实时全额结算系统的运行时间内，融资和撤资会随时发生，银行在自动清算所账户上总是保留一些流动性，以完成支付。假设相关步骤如下：

• 银行预先为自动清算所融资，例如，银行 1 转账 "a"，银行 2 转账 "b"（如果银行认为其自动清算所账户流动性过剩，也可以转出资金）。资金的转入可以在实时全额结算运行时间内的任何时点发生。转入资金的规模基于历史上经历的资金流出规模，以及对下一次计划融资或撤资操作之前资金流动的预期。

• 然后，甲以 "c" 的价格从乙处购买了汽车，通过即时支付银行应用程序付款，付款通过银行 1 的账户借记和银行 2 的账户贷记立即结算。

• 在没有每日撤资周期的情况下，银行也可能希望在实时全额结算系统关闭之前调整它们在自动清算所的头寸。实时全额结算系统中自动清算所向银行 1 的转账是"d",向银行 2 的转账是"e"。请注意，如果银行在自动清算所中的净头寸始终为正，则 a、b、d 和 e 原则上可以为负（表 4.9）。

表 4.9　通过中央银行货币预先融资的自动清算所进行的即时支付

欧元系统—欧元			
甲			
其他资产	X	权益	X
车辆	+ c		
在银行 1 的存款	X − c		
纸币	X		
银行 1			
其他资产	X	甲的存款	X − c
在中央银行的存款	X − a + d	权益	X
在自动清算所的存款	+ a − c − d		
自动清算所			
其他资产	X	银行 1 存款	X + a − c − d
在中央银行的存款	+ a + b − d − e	银行 2 存款	X + b + c − e
		其他负债	X
银行 2			
其他资产	X	乙的存款	X + c
在中央银行的存款	X − b + e	权益	X
在自动清算所的存款	+ b + c − e		
乙			
其他资产	X	权益	X
车辆	− c		

（续表）

欧元系统—欧元			
乙			
在银行 2 的存款	X + c		
纸币	X		
中央银行			
其他资产	X	银行 1 存款	X − a + d
		银行 2 存款	X − b + e
		纸币	X
		自动清算所存款	X + a + b − d − e
		权益	X

在没有每日撤资周期的情况下，自动清算所可以每天 24 小时运作。然而，银行需要在实时全额结算系统的营业时间内补充（或消耗）自动清算所存款账户，并且必须预测在实时全额结算系统关闭时间内自动清算所账户可能出现的资金流出。如果某一银行认为其在自动清算所的账簿上积累了不必要的过高余额，则可以在实时全额结算系统的营业时间内随时进行撤资操作（例如在本例中的银行 2）。

4.4.3 三层结算层支付

几个自动清算所 / 支付系统共存的案例：如上述示例所述，在自动清算所提供即时支付的终局性时，会存在一个问题，即如果付款人和收款人的银行连接到不同的自动清算所，即时支付如何清算。此时会通过互操作性来进行整合，两个自动清算所使用一个共同的"中心"，随后将其实时全额结算现金账户从中央银行转移到中心，中心则通过这种方法为两个自动清算所之间提供了链接。欧元区的类似安排是 TIPS，有 11 家自动清算所最近将其现金账户从 TARGET2 转移到 TIPS，以结算彼此之间的即时支付。[1]

考虑以下情形：

• 银行 1 依赖自动清算所 1，银行 2 依赖自动清算所 2。

• 这两个自动清算所相互连接，并在同一个中心（例如 TIPS）持有资金。

首先，每家银行将各自的自动清算所账户存入资金，而每个自动清算所以 TIPS 的形式持有其账户内的资金（a, b）。

• 当甲向乙购买金额为 "c" 的汽车时，即时支付将通过 TIPS（c）结算（表 4.10）。

表 4.10 通过两家自动清算所及中心（TIPS）进行的即时支付

欧元系统—欧元			
甲			
其他资产	X	权益	X
车辆	+ c		
在银行 1 的存款	X – c		
纸币	X		
银行 1			
其他资产	X	甲的存款	X – c
在中央银行的存款	X – a	权益	X
在自动清算所 1 的存款	+ a – c		
自动清算所 1			
TIPS 账户	+ a – c	银行 1 存款	+ a – c
其他资产	X	其他负债	X

---

1. ECB.（2022b）. *Successful completion of ACH migration to TIPS.* Available at: https://www.ecb.europa.eu/paym/intro/news/html/ecb.mipnews220328.de.html.

（续表）

欧元系统—欧元			
TIPS			
在中央银行的存款	+ a + b	自动清算所 1	+ a − c
		自动清算所 2	+ b + c
自动清算所 2			
TIPS 账户	+ b + c	银行 2 存款	+ b + c
其他资产	X	其他负债	X
银行 2			
其他资产	X	乙的存款	X + c
在中央银行的存款	X − b	权益	X
在自动清算所 2 的存款	+ b + c		
乙			
其他资产	X	权益	X
车辆	− c		
在银行 2 的存款	X + c		
纸币	X		
中央银行			
其他资产	X	银行 1 存款	X − a
		银行 2 存款	X − b
		纸币	X
		TIPS 存款	+ a + b
		权益	X

5 跨境支付

5.1 概述

在经济活动的早期阶段，跨越地理距离的支付就已经开始出现了。位于不同国家的经济主体互相在对方的地区寻找资源，进行商品交易，在许多情况下，二者之间的相互交易会被抵消。从这个意义上说，跨境支付由分别位于不同国家的付款人和收款人的交易活动构成，[1] 也包括付款人和收款人之间的支付流程在海外进行的情况。[2] 鉴于跨境支付通常涉及多个时区和不同的监管框架，因此，它们比国内支付更为复杂。此外，在许多情况下，跨境支付可以通过数家中介机构和多个金融市场基础设施进行。[3]

跨境支付与国内支付类似，可以大致分为批发和零售支付两类。一方面，跨境零售支付的金额通常很小。包括电子商务、游客使用本

---

1. Bech, M. L., Faruqui, U., & Shirakami, T. (2020). Payments without borders. *BIS Quarterly Review*, March.

2. Geva, B. (2013). Global payment and settlement systems. In *Handbook of key global financial markets* (pp. 513—522) Institutions and Infrastructure.

3. CPMI. (2020). *Enhancing cross-border payments: Building blocks of a global roadmap*. Stage 2 report to the G20. Bank of International Settlements; Bindseil, U., & Pantelopoulos, G. (2022). *Towards the holy grail of cross-border payments*. European Central Bank Working Paper Series No. 2693.

国支付工具、汇款（例如移民向国内的家人汇款）。[1] 虽然跨境零售支付由小额交易组成，但它们的交易数量通常很高。[2] 此外，近年来，通过金融科技中介机构（如 Wise, Skirll, Revolut）进行的跨境零售交易量显著增加，它们补充了 PayPal 等其他成熟金融科技公司的业务。另一方面，跨境批发支付则代表着高价值的支付交易。虽然商业银行经常代表其客户进行大规模的资金国际流动（包括以结算零售支付为目的），但金融机构之间也可以自行进行批发跨境支付交易（见第 7 章）。

　　跨境支付的另一个关键分类是有无外汇兑换。例如，美国居民可以向印度的亲戚进行美元汇款，然后在后者的印度银行账户上存入美元或印度卢比（假设印度银行也会向印度居民提供美元账户）。此外，原则上，印度居民可以通过两国的国内账户或美国的账户（如果双方都在美国有账户）向巴基斯坦居民转账美元。然而，由于居民通常在账户中持有本币，且没有能力或兴趣开立外币账户，因此大多数跨境支付都包括外汇兑换。

　　不论零售或批发跨境支付，抑或有无外汇兑换环节，如今都仍然是相对复杂、缓慢、昂贵且不透明的，[3] 这是由许多因素导致的。由于每个支付结算系统只能处理本国货币支付，因此一笔跨境交易的结算可以涉及多个实体。[4] 此外，大多数司法管辖区都有着反洗钱、反恐

1. CPMI.（2018b）. *Cross-border retail payments*. Bank of International Settlements.

2. Bank of England.（2021）. *Cross-border payments*. Available at: https://www.bankofengland. co.uk/payment-and-settlement/cross-border-payments.

3. CPMI.（2018b）. *Cross-border retail payments*. Bank of International Settlements; FSB.（2020a）. Enhancing cross-border payments, stage 1 report to the G20.

4. Bech, M. L., Faruqui, U., & Shirakami, T.（2020）. Payments without borders. *BIS Quarterly Review*, March.

融资和了解你的客户等规则，这也导致复杂程度进一步上升。[1]

不同跨境支付类型的关注重点可能也不尽相同，例如，对于大型跨国公司或金融机构而言，关键的问题是跨境支付的时间延迟和不确定性，而较小的企业和个人则主要关注交易费用问题。新兴市场和发展中经济体的终端用户面临的挑战尤其严重。麦肯锡公司估计，金融机构平均将从单笔跨境支付交易中收取 20 美元的费用。[2] 费用问题也是金融科技公司市场份额扩大的原因之一，因为它们能够以更具竞争力的价格实现汇款等跨境支付交易。[3]

预计跨境支付的规模未来仍将持续增长。[4] 由于全球贸易活动和跨境资产管理业务的增长，预计国际支付资金规模将从 2017 年的约 150 万亿美元加速增长至 2027 年的 250 万亿美元以上。[5]

5.2 跨境支付简史及其普遍挑战

跨境支付结算的过程已经演变了几个世纪（部分类似于国内支

---

1. CPMI. (2016b). *Fast payments—Enhancing the speed and availability of retail payments*. Bank of International Settlements; Bank of Canada., Bank of England., & Monetary Authority of Singapore. (2018). *Cross-border interbank payments and settlements, emerging opportunities for digital transformation*.

2. McKinsey and Company. (2018). A vision for the future of cross-border payments. *Global Banking Practice*, 2018.

3. Bindseil, U., & Pantelopoulos, G. (2022). *Towards the holy grail of cross-border payments*. European Central Bank Working Paper Series No. 2693.

4. Bank of Canada., Bank of England., & Monetary Authority of Singapore. (2018). *Cross-border interbank payments and settlements, emerging opportunities for digital transformation*.

5. Bank of England. (2021). *Cross-border payments*. Available at: https://www.bankofengland. co.uk/payment-and-settlement/cross-border-payments.

付）。[1] 在某种程度上，中世纪的对外贸易和跨境支付都是通过金条的运输或金币的支付来实现的。[2] 然而，通过铸币支付成本高昂且费时费力，往往还需要找专业的"货币兑换商"进行鉴定，确保铸币的类型和质量达到要求的标准。[3]

第一个用于执行国际支付交易的主要金融工具是汇票，它发轫于早期伊斯兰时代的阿拉伯世界。[4] 汇票的主要功能是用于汇款和贸易融资，它提供了一种比运输金条成本低得多的支付手段。[5] 简而言之，汇票是由发行人（出票人）发出的书面指令，指示交易对手（付款人）立即通过即期汇票或定期汇票在固定日期汇款。如果付款人未能付款（拒付），出票人将有权通过法院寻求赔偿，法院将立即执行针对有瑕疵一方的指令。[6]

随着第一次世界大战之前全球贸易和跨境支付显著增加，国际社

1. Bindseil, U.（2019）. *Central Banking before 1800: A rehabilitation*. Oxford University Press; Bindseil, U.（2021）. The future of central bank money: Digital currencies?. In Daniela Russo（Ed.）*Payments and market infrastructure two decades after the start of the European Central Bank*（pp. 290—302）; Russo, D.（ed.）.（2021）. *Payments and market infrastructure two decades after the start of the European Central Bank*. ECB Publication.

2. Einzig, P.（1962）. *The history of foreign exchange*. Macmillan.

3. Mueller, R. C.（1997）. *The Venetian money market: Banks, panics, and the public debt, 1200—1500*. JHU Press; Kohn, M.（1999a）. *Early deposit banking*. Working Paper 99-03, Dartmouth College.

4. Geva, B.（2011）. *The payment order of antiquity and the middle ages: A legal history*. Bloomsbury Publishing.

5. Kohn, M.（1999b）. *Bills of exchange and the money market to 1600*. Working Paper 99-04, Dartmouth College.

6. Kahn, C., Quinn, S., & Roberds, W.（2014）. Central banks and payment systems: The evolving trade-off between cost and risk. In *Norges Bank conference on the uses of central banks: Lessons from history*; Bolton, J., & Guidi-Bruscoli, F.（2021）. 'Your flexible friend': The bill of exchange in theory and practice in the fifteenth century. *The Economic History Review*.

会迎来了第一个全球化时代。[1] 虽然汇票仍然继续被用作跨境汇款的工具，但随着第一条跨大西洋电缆的铺设，通过代理行安排进行的电子存款转账开始于 19 世纪下半叶出现。[2]

尽管国际银行之间电传信息的使用从根本上提高了金融一体化程度，但即便是战后时代，信息安全性以及自动化与标准化不足的问题仍然显著。[3] 如前所述，这种状况促使来自 15 个国家的 239 家银行组成了一个合作机构，即环球银行金融电信协会，由它协调跨境通信中的各种问题，并负责建立一个共同的信息标准。到 1977 年 SWIFT 上线时，来自 22 个国家的 518 家机构正式启用了 SWIFT MT 信息标准。[4]SWIFT 最近宣布，它将于 2025 年 11 月在所有跨境支付中全面采用 ISO 20022 信息标准。[5]

尽管跨境支付在历史上历经多次演变，但与之相关的许多主要挑战一直存在。本书基于金融稳定理事会（Financial Stability Board, FSB）的观点，[6] 对一些跨境支付相关的障碍进行了总结（如表 5.1 所示）。此外，金融稳定理事会也按照不同模块，对二十国集团目前解决相关障碍的一些举措进行了概述。[7]

---

1. Keynes, J. M.（1919）. *The economic consequences of the peace.* Macmillan and Co.

2. Eichengreen, B., Ferrari, M. M., Lafarguette, R., & Mehl, A.（2021）. *Technology and the geography of the foreign exchange market.* NBER Working Paper No. 21884.

3. Köppel, J.（2011）. *The SWIFT affair: Swiss banking secrecy and the fight against terrorist financing.* Graduate Institute Publications.

4. SWIFT.（2021a）. *SWIFT history.* Available at: https://www.swift.com/about-us/history.

5. SWIFT.（2021b）. *ISO 20022 adoption programme.* Available at: https://www.swift.com/standards/iso20022/iso-20022-programme/timeline.

6. FSB.（2020a）. Enhancing cross-border payments, stage 1 report to the G20.

7. FSB.（2020b）. Enhancing cross-border payments, stage 3 roadmap.

表 5.1 跨境支付的普遍挑战

	2020	1200—1900
1. 数据标准和格式差别很大	采用更全面的 ISO20022 新信息格式，放弃差异化且不充分的原有信息格式。[1]	诸如汇票的规则等各种惯例。早期相关研究包含数百页内容，解释了全球各个贸易结算地关于铸币和汇票的不同标准。[2]
2. 合规审查的复杂处理	反洗钱/反恐融资等合规审查对银行而言相当繁重，并且在各个司法管辖区可能规则各异，造成了高成本和法律风险。[3]	中世纪和近代早期国际汇票中对禁止高利贷的要求。[4]
3. 有限的运行时间	如果实时全额结算系统和代理行的开放时间不一致，那么在等待相关系统开放的时间内，支付链条可能会有时间延迟。	在中世纪和近代早期，相关文件和铸币的流通速度很慢，因此每日营业时间本身并不重要。然而，如果汇票有固定的结算日（如按季度结算），那么汇票的长途运输和等待结算将共同导致更长时间的结算滞后。

1. FSB.（2020b）. Enhancing cross-border payments, stage 3 roadmap.
2. Kruse, J.（1782）. *Allgemeiner und besonders Hamburgischer Kontorist Welcher von den Währungen, Münzen, Gewigten, Maassen, Wechsel-Arten und Usanzen der vornehmsten in und ausser Europa gelegenen Städte und Länder*. 4th edition, 2 volumes.
3. FSB.（2020b）. Enhancing cross-border payments, stage 3 roadmap.
4. De Roover, R.（1953）. *L'évolution de la lettre de change, XIV-XVIIIième siècles*, Paris, A. Collin.

（续表）

	2020	1200—1900
4. 过时的技术平台	支付系统可能遵循旧标准，由于过时的标准或编程语言，需要完全重做，因此现代化成本很高。[1]	在19世纪下半叶之前，技术本身并不是一个相关的范畴。过时的标准和惯例可以归类为"旧系统"，与第1条所述内容重合。
5. 融资成本	低效的支付和结算通常需要更高的流动性。[2]	利率、获得借款的机会以及流动性成本往往比今天高得多，因此，早期贸易对流动性的需求至少和今天一样普遍。
6. 交易链条长	在结算之前，国际支付链条中可能有几家代理行，进而导致结算延迟，此外，由于每家中介机构均会收取费用（包括合规相关工作），结算成本也将增加，使得链条的可追溯性降低，并且更加不透明。	例如，汇票经常多次背书转让，但这可能也有积极效果，因为票据可以因此而作为多次使用的支付手段。汇票的关键在于背书链条中的所有签名均负有责任，因此汇票的信用质量在转让时不会恶化。它也意味着所有签字方的或有负债。
7. 竞争不足	与反洗钱/反恐融资监管和银行罚款相关的高成本和高风险导致许多银行退出这项业务（"去风险"），为剩余的参与者提供了更多的市场份额和定价权。	跨境支付通常由相对较少的国际活跃银行（如富格斯、美第奇家族或后来的罗斯柴尔德家族）主导。因此，这些银行能够获得市场支配力并积累大量财富。

1. FSB.（2020b）. Enhancing cross-border payments, stage 3 roadmap.

2. FSB.（2020b）. Enhancing cross-border payments, stage 3 roadmap.

（续表）

	2020	1200—1900
8. 犯罪威胁	网络风险管理产生了巨大的成本和准入壁垒，也给所有银行、支付系统和市场基础设施带来了越来越大的成本和风险挑战。	对于有价货币在运输和保管过程中的勒索、抢劫等，在使用汇票时会大幅减少。
9. 运输速度慢，成本高	在过去几十年里，国际数据传输的成本大幅下降，这一问题如今已基本无关紧要。	过去有价货币或纸质信用必须长途运输时，这一问题非常重要。
10. 货币转换的相关性和挑战	国际支付通常以国际货币进行，通常需要银行对当地货币提供币种转换服务，导致最终用户成本上升。[1]	市场中流通着不同种类和质量的铸币。铸币的异质性和格雷欣法则是票据及早期汇款银行出现的主要驱动力。

5.3 代理行

理解跨境支付的执行，需要关注如今已经比较成熟的代理行模式，它通过相互对应的"Nostro"和"Vostro"账户执行支付。虽然 Nostro 和 Vostro 账户的名称不同，但从每家银行的角度来看，它们代表的是同一个账户。[2] 通过建立代理行关系，一家银行（代理行）能够向另一家银行（被代理行）提供服务。[3] 沃尔夫斯堡集团

1. FSB.（2020b）. Enhancing cross-border payments, stage 3 roadmap.
2. King, M. J.（2010）. *Back office and operational risk: Symptoms, caused and cures*. Harriman House.
3. CPMI.（2016a）. *Correspondent banking*. Bank of International Settlements.

（Wolfsburg Group）称"代理行业务是向另一家金融机构提供往来账户或其他负债账户及相关服务……用于执行第三方支付和贸易融资，及其自身现金清算、流动性管理、短期借款或投资需求"。[1] 代理行关系是汇款和国际贸易的基础，也是各经济体间人道主义货币流动的执行手段。因此，代理行在促进金融发展和稳定方面也发挥着至关重要的作用。[2] 代理行的发展最近再度引发学术研究的兴趣，牛津大学启动了一项关于代理行在 1870 年至 2000 年间演变的重大研究项目。[3]

　　此处举例描述代理行安排的基本形式，假设有两家大型跨国银行（银行 A 和银行 B），它们位于不同的国家（A 国和 B 国）。在银行 A 的视角下，它在银行 B 持有的任何存款都被确认为其 Nostro 账户（"我在你这的账户"）内的资产负债表上的资产，并以外币计价。因此，账户内的任何余额都是银行 A 对银行 B 的债权。"由银行进行的外汇……不是金钱交易……相反，它是一种信用交易，通过记账分录而不是转让有形财产完成……"[4] 从银行 B 的角度来看，这个相同的账户叫做 Vostro 账户（"你在我这的账户"），它作为负债项目，以当地货币计价。"……大多数情况下，Vostro 账户……有代表外国本金的存款信用余额。"[5]

---

1. Wolfsburg Group. （2014）. *The Wolfsberg anti-money laundering principles for correspondent banking*. Wolfsberg Banking Principles.

2. World Bank Group. （2018）. *The decline in access to correspondent banking services in emerging markets: Trends, impacts, and solutions lessons learned from eight country case studies*. The World Bank Group.

3. Schenk, C. R. （2021）. The development of international correspondent banking in the USA 1970—1989. *Global Correspondent Banking 1870—2000 Working Paper Series*, Vol. 1, No. 1, University of Oxford.

4. Harfield, H. （1951）. Elements of Foreign exchange practice. *Harvard Law Review*, 64（3）, 436—444.

5. De Roover, R. （1944）. Early accounting problems of foreign exchange. *The Accounting Review*, 19（4）, 381—407.

从被代理行的角度来看，Nostro 账户余额需要仔细管理。银行需要降低发生账户透支的可能性，从而避免达到透支限额或产生利息成本。[1]但是，由于全球各地的支付和结算系统有不同的营业时间，因此很难在一天的所有时间点始终确定 Nostro 账户内的确切余额。[2]事实上，如果不能正确地计算存款的流入和流出，可能会导致一系列问题，还可能使得流动性风险被放大，从而导致银行为了完成付款而产生透支费用。[3]

当两家银行分别位于不同国家时，为了完成二者之间的跨境支付交易，通常可能会通过一家中介机构（通常是大型金融机构）。当跨境支付以不同于付款人或收款人的货币计价时，就会发生这种情况，因而涉及 Loro 账户（"它们在你这的账户"）。

如今，代理行业务越来越集中于少数大型机构。[4]这种状况主要是由于需要遵守多层法规。[5]因此，被代理行现在倾向于只向少数代理行开展业务，而不会向众多银行提供服务，即所谓的"去风险"。此外，代理行近年来经常减少它们所提供的货币通路数量。研究估计，自 2013 年以来，以美元计价的跨境支付代理行关系数量下降了 15%。同样，自 2009 年以来，以欧元计价的国际交易也下降了

1. King, M. J. (2010). *Back office and operational risk: Symptoms, caused and cures*. Harriman House.

2. Hudson, R., Colley, A., & Largan, M. (2000). *The capital markets and financial management in banking*. Global Professional Publishing.

3. King, M. J. (2010). *Back office and operational risk: Symptoms, caused and cures*. Harriman House.

4. Rice, T., von Peter, G., & Boar, C. (2020). On the global retreat of correspondent banks. *BIS Quarterly Review*, March.

5. International Monetary Fund. (2017). *Recent trends in correspondent banking relationships—Further considerations*. International Monetary Fund.

23%。[1]

在通过代理行进行跨境支付的情况下（支付以收款人的本币计价），出口商的银行借记进口商银行的账户，同时也贷记出口商的存款账户，从而为收到的货物付款。在此情形下，当进口商能够以当地货币开设存款账户时，出口商就能够以各自的本国货币收到付款。任何跨境支付通常都是通过各家银行向其他银行提供跨境银行间贷款来平衡的。"……当银行收到存款时，没有任何额外的资金增加。相反，它会在收到存款的瞬间自动借出资金。"[2] 这意味着国际收支保持平衡，因为任何经常账户赤字（盈余）都恰好被金融账户盈余（赤字）抵消，而后者是由于跨境债权的增加（减少）。

代理行最典型的应用场景就是在贸易双方从事商品购买活动的情况下实现存款的转移。例如，付款在两家建立直接双边业务关系的大型金融机构之间完成。请注意，为简单起见，我们假设所有步骤几乎同时发生。

• 来自A国的贸易商A从B国进口货物，按照B国货币计价，货物的金额为"a"，如需购买1单位B国货币，需要β单位的A国货币，因此按照A国货币计价，货物的金额为"βa"。

• 贸易商A指示其银行A将资金转入贸易商B的账户，作为B国出口商，贸易商B在B银行有账户。银行A借记贸易商A的存款账户，银行B借记银行A的Vostro账户，贷记贸易商B的存款账户。

除了这种直接的双边关系之外（如表5.2所示），跨境支付交易还有许多其他模式。支付安排通常取决于付款人和收款人的金融机构

---

1. Accuity.（2017）. *Derisking and the demise of correspondent banking relationships*, a research report by Accuity. RELX Group.

2. Kumhof, M., Rungcharoenkitkul, P., & Sokol, A.（2020）. *How does international capital flow?* Bank of England Staff Working Paper No. 884.

的规模。如果由小型区域性银行代表其客户执行国际交易，那么一家或几家大型全球性银行可能会扮演中间人角色。为实现与表 5.2 类似的交易（为简单起见，同样假设所有步骤几乎同时发生），我们假设两家在国际上活跃的大型银行充当两家为非银行客户（即进口商和出口商）服务的小型国内银行之间的中介。在两个国家各自范围内，大型银行和小型银行之间的国内结算是通过中央银行实时全额结算系统完成的（即中央银行货币）。

通常，只有相对较少的银行会为每种货币充当代理行。假设我们有两种货币，两种银行系统各有 1000 家银行。随后假设每种货币有 5 个代理行，每个代理行在另一种货币的 5 个代理行都有 Nostro/Vostro 账户，即总共有 10 个双边代理行关系。此时，A 国的 1000 家银行需要在 A 国的 5 家大型代理行中选择一家传输其跨境支付订单（通过外国代理行——即 B 国的 5 家大型银行之一）。

表 5.2　通过直接双边关系进行的跨境支付

A 国—货币 A			
贸易商 A（进口商）			
实物商品	X + βa	权益	X
存款	X − βa		
A 银行（国际活跃大型银行）			
在中央银行的存款	X	存款	X − βa
B 银行 Nostro 账户	X − βa	B 银行 Vostro 账户	X
		权益	X
B 国—货币 B			
B 银行（国际活跃大型银行）			
在中央银行的存款	X	存款	X + a

（续表）

B 国—货币 B		
B 银行（国际活跃大型银行）		
A 银行 Nostro 账户	X	A 银行 Vostro 账户	X − a
		权益	X
贸易商 B（出口商）		
实物商品	X − a	权益	X
存款	X + a		

两股力量将决定代理行的数量。一方面，从信用风险和资本监管的角度来看，在外资银行持有 Nostro 账户的成本很高。吸引外资银行的 Nostro 账户（即银行自身的 Vostro 账户）也需要良好的声誉和规模以及优秀的信用评级，这需要大量（昂贵）的资本。另一方面，代理行是一个巨大的市场，可能会产生有吸引力的费用收入，特别是在市场寡头垄断的情形下。

有人可能感觉外汇兑换是在代理行进行的，因为上述财务账户中所代表的付款情况明显包括将进口商的货币兑换成出口商的货币。然而实际上，在上面的例子中没有发生外汇市场操作。A 银行（见表 5.2）和 A2 银行（见表 5.3）只是接受其各自货币（和跨境）头寸的变化，这种变化是通过代理行账户的变化来补偿贸易不平衡的（它意味着国际收支再次平衡）。因此，这些银行（分别为表 5.2 中的 A 银行和表 5.3 中的 A2 银行）将提供外汇兑换服务作为其代理行服务的一部分。

总而言之，代理行业务未来仍将面临两个主要缺陷。首先，即使在付款可以即时完成的情况下，各自的 Nostro 和 Vostro 账户中现有债权和债务仍将以商业银行货币计价，从而可能构成金融稳定风险。它将继续依赖于一个复杂的债权债务网络（银行之间的"欠条"），这些网络并不是通过单一的交换媒介定期清算的。不过，各地的银行往往都受到良好的监管，只要它们有偿付能力，通常都会从最后贷款人处获得资金。此外，至少对于小额跨境支付通道来说，商业银行货币结算本身不会有问题。

其次，代理行虽然不太容易受到滥用市场力量和闭环解决方案（例如金融科技、比特币、稳定币）相关的碎片化影响，但从本质上讲，它仍然是一种集中在少数参与者中的方法。代理行受益于网络效应，即大银行可以提供比小银行更好的服务。即使一些银行因为合规成本和风险较低而重新提供代理行服务，寡头垄断情况也将继续盛行。尽管如此，占主导地位的代理行将不可避免地滥用其市场力量，并收取高于竞争对手的费用。

表 5.3　通过中介机构进行的跨境支付

A 国—货币 A			
贸易商 A（进口商）			
实物商品	X + βa	权益	X
存款	X – βa		
A1 银行（小银行）			
在中央银行的存款	X – βa	存款	X – βa
其他资产	X	权益	X
A2 银行（国际活跃大型银行）			
在中央银行的存款	X + βa	存款	X
B2 银行 Nostro 账户	X – βa	B2 银行 Vostro 账户	X
		权益	X
中央银行 A			
其他资产	X	A1 银行存款	X – βa

（续表）

A 国—货币 A			
中央银行 A			
		A2 银行存款	X + βa
		纸币	X
		权益	X
B 国—货币 B			
中央银行 B			
其他资产	X	B1 银行存款	X + a
		B2 银行存款	X − a
		纸币	X
		权益	X
B2 银行（国际活跃大型银行）			
在中央银行的存款	X − a	存款	X
A2 银行 Nostro 账户	X	A2 银行 Vostro 账户	X − a
		权益	X
B1 银行（小银行）			
在中央银行的存款	X + a	存款	X + a
其他资产	X	权益	X
贸易商 B（出口商）			
实物商品	X − a	权益	X
存款	X + a		

5.4　代理行作为国内支付解决方案？

国内支付场景可能很难适用代理行模式。假设 A 国有四家银行（A1 银行、A2 银行、A3 银行和 A4 银行），为了避免对中央银行资金的依赖（或在没有中央银行的情况下），这四家银行可以通过相互开设 Vostro/Nostro 账户（初始值为"a"）来扩张其资产负债表，实现信用互联，以代表其客户完成存款转账（金额为 b、c 和 d）（表 5.4）。

尽管似乎不再需要一个集中的货币当局来结算支付，但这种"多边国内代理行方法"存在一些显著缺点，因为参与者之间会有广泛累积的"欠条"。在国内支付的背景下，这一困难已经通过中央银行的引入得到了克服，因为此时能够通过在中央银行保留存款的形式持有无风险的欠条，从而避免商业银行持有某种形式的较低信用质量的欠条（即所有参与者都接受债的更新）。

表 5.4　国内支付下的代理行

A 国—货币 A			
A1 银行			
A2 银行 Nostro 账户	+ a	存款	X − b
A3 银行 Nostro 账户	+ a − b	A2 银行 Vostro 账户	+ a
A4 银行 Nostro 账户	+ a	A3 银行 Vostro 账户	+ a
		A4 银行 Vostro 账户	+ a
		权益	X
A2 银行			
A1 银行 Nostro 账户	+ a	存款	X + c + d
A3 银行 Nostro 账户	+ a	A1 银行 Vostro 账户	+ a
A4 银行 Nostro 账户	+ a	A3 银行 Vostro 账户	+ a − c
		A4 银行 Vostro 账户	+ a − d
		权益	X

（续表）

A 国—货币 A			
A3 银行			
A1 银行 Nostro 账户	+ a	存款	X + b – c
A2 银行 Nostro 账户	+ a – c	A1 银行 Vostro 账户	+ a – b
A4 银行 Nostro 账户	+ a	A2 银行 Vostro 账户	+ a
		A4 银行 Vostro 账户	+ a
		权益	X
A4 银行			
A1 银行 Nostro 账户	+ a	存款	X – d
A2 银行 Nostro 账户	+ a – d	A1 银行 Vostro 账户	+ a
A3 银行 Nostro 账户	+ a	A2 银行 Vostro 账户	+ a
		A3 银行 Vostro 账户	+ a
		权益	X

在上例中，有 n = 4 家银行，将会有"n（n – 1）/2"的双边欠条关系［如果不考虑双边净额，计算所有代理行账户的话，就有"n（n – 1）"个］。对于 10 家银行而言，就意味着有 45 个双边净敞口，对于 100 家银行而言，就意味着 4950 个，以此类推。在国际范围内，只有少数几家专门从事代理行业务的大银行可以避免双边银行风险敞口的膨胀。当然，国内也可以采用大银行模式，也确实能够减少双边关系的数量。然而，其代价将是作为中心枢纽的银行权力集中化，最终则应会出现一个单一的国内公共"代理行"作为解决方案：这家公共中央银行向所有国内银行提供（Vostro）账户。

这种多边国内代理行模式的缺陷反映在威尼斯 1587 年引入里亚

托银行之前的安排[1]或者19世纪美国的背景当中。研究指出，在美国内战之前，许多银行开始在几个主要的贸易中心（如纽约市）存放资金。[2]在"对其了解并有信心"的前提下，被代理行普遍接受代理行的欠条。[3]事实上，纽约市的银行在很大程度上充当了代理行的角色，到1850年，它们代表美国各地的600家银行完成支付交易。这种做法也在芝加哥得到了复制，到1868年时，该市的银行机构成了伊利诺伊州、爱荷华州和威斯康星州金融机构的代理行。然而，科威尔（Colwell）等人开始建议实行某种形式的中央集权，从而减少与多边代理行系统相关的脆弱性问题：

> 无论是从公共财政的特殊利益出发，还是出于商业考量，当这个国家的银行体系的权力和效力不可否认时，一旦其确实遭到滥用和扭曲，那么现有体系就必须被取代。潜在方案不是如何引入硬币的问题，而是如何找到银行的替代品，或者如何确保银行体系没有害处。[4]

作为中央银行的一种次优解决方案，科威尔建议将代理行关系集中在大型商业中心：

---

1. Bindseil, U. (2019). *Central Banking before 1800: A rehabilitation.* Oxford University Press.

2. James, J. A. (1978). *Money and capital markets in postbellum America.* Princeton University Press.

3. James, J. A., & Weiman, D. F. (2010). From drafts to checks: the evolution of correspondent banking networks and the formation of the modern US payments system, 1850—1914. *Journal of Money, Credit and Banking,* 42 (2—3), 237—265.

4. Colwell, S. (1859). *The ways and means of payment: A full analysis of the credit system, with its various modes of adjustment.* J. B. Lippincott & Co.

西部银行可能会因为购买商品以供西部消费而大量欠下东部银行的债……这些银行账户的结果，以及记录这些账户的通信，就好像它们都有一个共同的清算处，每家银行都应该借记和贷记它们必须支付的和它们将会收到的一切。[1]

根据 1863 年和 1864 年的《国家银行法》，通过中央储备城市银行、储备城市银行和乡村银行建立了一个三层银行体系结构。在金字塔的顶端，纽约、芝加哥和圣路易斯的中央储备城市银行被要求对流通中的存款和纸币保持 25% 的准备金。[2] 可接受的准备金形式包括黄金或黄金凭证，后者作为金币的替代品向公众发行，从而构成了纸币的另一种形式。[3] 储备城市银行的存款准备金率也被规定为 25%，其中一半可以在中央储备城市银行持有。最后，对乡村银行实行 15% 的最低准备金要求，其中 9% 可以作为储备城市银行或中央储备城市银行的存款。[4]

然而，在金融恐慌和危机的情况下，许多乡村银行收回了其在代理行的部分或全部存款。[5] 作为国家银行系统的中心，纽约的中央储

1. Colwell, S. (1859). *The ways and means of payment: A full analysis of the credit system, with its various modes of adjustment.* J. B. Lippincott & Co.

2. Meltzer, A., & H. (2003). *A history of the federal reserve, volume 1: 1913—1951.* University of Chicago Press.

3. Simmons, E. C. (1936). The gold certificate. *Journal of Political Economy,* 44 (4), 534—543.

4. James, J. A. (1978). *Money and capital markets in postbellum America.* Princeton University Press; James, J. A., & Weiman, D. F. (2010). From drafts to checks: the evolution of correspondent banking networks and the formation of the modern US payments system, 1850—1914. *Journal of Money, Credit and Banking,* 42 (2—3), 237—265.

5. Gibbons, J. S. (1864). The Banks of New York, their dealers, the clearing house and the panic of 1857. Appleton & Co.

备城市银行在 1804 年、1857 年、1890 年和 1893 年的恐慌期间经常被迫暂停支付。[1] 由于国内金融体系缺乏可靠的最后贷款人,金融危机的信息在全国范围内扩散。例如,在 1857 年的金融危机中,吉本斯(Gibbons)解释说:"在去年 10 月金融恐慌的那一周,夸大的报道以闪电般的速度传遍了全国各地,这种新的通信媒介(电报)使我们的银行充满了立即取款……以硬币计算。"[2] 正是在这个意义上,我们很容易看出为什么代理行不是国内支付的普遍解决方案。

5.5 跨境支付金融科技在多个国家的发展

我们所说的跨境支付金融科技往往是指电子货币机构或支付服务提供商,它们可能或多或少从事专门的跨境支付业务,其中既包括像 PayPal 这样的广泛的零售支付服务提供商(到目前为止,它还没有将重点放在提供廉价的跨境零售支付服务方面),也包括各种年轻的、规模较小的公司,例如 Wise、Skrill、Revolut 等,它们正在迅速建立客户群体。在零售跨境支付市场,金融科技公司效率较高的原因可能包括以下几个方面:①机构精简(如无分支机构、通过网络访问、新的组织架构等);②专业化(例如相较全能型银行等机构而言);③较低水平的监管标准;④创新技术;⑤为获取客户而积极进入市场的举措。与稳定币相比,金融科技公司并不是必须要在其支付和结算

---

1. James, J. A.(1978). *Money and capital markets in postbellum America*. Princeton University Press.
2. Gibbons, J. S.(1864). The Banks of New York, their dealers, the clearing house and the panic of 1857. Appleton & Co.

模式中依赖分布式账本技术或区块链技术，并且它们实际上似乎也没有应用这些技术。

金融科技公司的法律类型（例如银行、电子货币机构等）取决于其经营所属司法管辖区的法律框架。它们通常会被视为专业支付服务提供商或电子货币机构，由于这些机构缺乏风险资产，并且其支付相关负债一般对应着非常低风险且完全流动的资产，因此对它的监管比银行宽松。

提供零售跨境支付的金融科技公司的结算机制不尽相同，一家涵盖多种货币的金融科技公司也可能在不同的国家建立了不同的结算安排，但这并不一定会对客户产生明显的差异。在付款人一侧，至少有两种潜在选择：

• 付款人需要在金融科技服务提供商处建立一个账户，并且必须首先通过银行账户的直接借记或通过转账将资金存入该账户。随后，付款人可以在预先存入的金额范围内进行支付。

• 在第二种选择下，付款人可以直接通过跨境支付订单触发资金转移，例如通过金融科技公司的应用程序接口触发的快速支付订单，使得金融科技公司能够在付款人同意的情况下充当支付发起者。这种方法对于用户而言效率更高，但需要开放银行和即时支付系统支持。

在收款人一侧，也可能有不同的选择：

• 首先，收款人通过电子邮件或短信收到通知，知晓其正在通过金融科技平台收到付款，收款人需要先在平台注册。在已注册的情况下，资金可直接计入收款人银行账户。这种方法的优点是，付款人不需要知道也不需要向金融科技平台透露收款人的银行账户详细信息（在最低限度的情况下，付款人只需要知道"代理信息"，即收款人的电子邮件地址或电话号码）。如果收款人愿意通过该渠道接受支付，则只有他们必须将账户信息提供给金融科技平台。此时存在两种不同情况：一种情况是，收款人需要在注册时填写银行账户详细信息，在收款时资金会直接支付到其银行账户；另一种情况是，资金支付给收款人在金融科技平台的账户上，然后收款人可以选择将其转移到任何其他银行账户（例如他自己的账户，也可以是其他人的账户）。

• 其次，收款人可以直接在他的银行账户中接收付款（无需在金融科技平台注册），但这种情况需要付款人知晓并在金融科技平台正确填写收款人的银行账户详细信息和其他相关信息。

在不同的货币区域，金融科技公司可能有的持有银行牌照，有的没有银行牌照，也可能有获得中央银行资金的其他途径。如果它在中央银行没有账户，它可能会使用商业银行账户。在下面的示例中，我们假设金融科技公司在付款国（A 国）拥有允许其获取中央银行资金的资格，但在收款国（B 国），它只有一个商业银行账户（当然，实际情况也有可能相反，也可能是都有中央银行账户或都只有商业银行账户）。我们还假设收款人已经注册，并将通过即时支付的方式进行跨币种的支付（包括通过应用程序接口以付款人的货币支付）。我们假设支付是一笔汇款，并且以 B 国货币收款时计价为"a"。此外，我们假设付款只在两个国家的金融科技平台账户上短暂停留，但会在账户中列示。此时，我们可以将 a1, a2, a3 视为不到一小时的时间内依次发生的流程，这与世界银行发现的金融科技公司最佳实践（见 https://remittanceprices.worldbank.org）一致（表 5.5）。

表 5.5 通过金融科技支付服务提供商进行即时跨境支付

A 国—货币 A			
付款人 A			
金融科技平台账户	$X + \beta a1 - \beta a2$	权益	$X - \beta a2$
银行 A 账户	$X - \beta a1$		
金融科技平台 X—子公司 A			
在中央银行的存款	$X + \beta a1$	付款人 A 存款	$X + \beta a1 - \beta a2$
		金融科技平台 X—子公司 B 债务	$X + \beta a2$
银行 A			
在中央银行的存款	$X - \beta a1$	存款	X
		付款人 A 账户	$X - \beta a1$
中央银行 A			
其他资产	X	银行 A 存款	$X - \beta a1$
		金融科技平台 X—子公司 A 存款	$X + \beta a1$
B 国—货币 B			
收款人 B			
金融科技平台 X—子公司 B 账户	$X + a2 - a3$	权益	$X + a2$
银行 B2 存款	$X + a3$		
金融科技平台 X—子公司 B			
在银行 B1 的存款	$X - a3$	收款人 B 存款	$X + a2 - a3$
对金融科技平台 X—子公司 A 的债权	$X + a2$		

（续表）

B 国—货币 B		
银行 B1		
在中央银行的存款	X – a3	金融科技平台 X—子公司 B 存款	X – a3
银行 B2		
在中央银行的存款	X + a3	收款人 B 存款	X + a3
中央银行 B		
其他资产	X	银行 B1 存款	X – a3
		银行 B2 存款	X + a3

表 5.6　金融科技平台的综合账户

金融科技平台 X 的综合视图—货币 B		
在中央银行 A 的存款	X + a1	付款人 A 存款	X + a1 – a2
在银行 B1 的存款	X – a3	收款人 B 存款	X + a2 – a3

值得注意的是，金融科技平台 X 实际上是一家全球性公司，也就是说人们可以对其资产负债表采取统一的方法，在这种模式下，资金首先存储到使用者拥有的金融科技平台账户上。此外，我们假设控股公司位于 B 国，因此拥有以货币 B 计价的账户（表 5.6）。

5.6　全球稳定币

作为迄今为止最具影响力的全球稳定币倡议，2019 年 Libra/Diem 白皮书中声称，它旨在为所有人提供一个有道德性、包容性、无摩擦且低成本的全球支付网络。在白皮书 2.0 版本中，Diem 被设计为单一型稳定币，以及基于国际货币基金组织特别提款权货币篮子的复合型稳定币（称为"≈LBR"）。这两种稳定币都将得到高流动性资产（例如政府债券）的全面支持，其被作为 Libra 的储备——即与发行稳定币相匹配的资产。

在下文的例子中，我们考虑在以下两类不同支付情况下表示的金融账户：①没有使用以任何参考资产（如货币篮子，单一货币或商品）计价的全球稳定币进行外汇兑换；②使用各自独立的单一货币的两个稳定币，但二者是全球网络的一部分（如 Diem 设想的单一货币稳定币）。

（1）没有外汇兑换的情形（即在全球范围内使用单一的稳定币）。支撑稳定币的资产从某种程度上来说其实并不重要——它可以是一篮子全球证券、一种单一货币或者黄金等。假设 B 国的出口商以本国货币对商品计价为 a，它在全球稳定币中表示的价格是"αa"（其中 α 是购买 1 单位 B 国货币所需的稳定币单位数）。而价格 a 以 A 国货币表示则为 βa（β 为购买 1 个 B 国货币单位所需的 A 国货币单位数；此时，套利意味着需要 α/β 单位的稳定币来购买一个单位的 a 货币）（表 5.7）。

表 5.7 无需外汇兑换的稳定币使用

A 国—货币 A			
A 企业（或家庭）			
实物商品	$X + \beta a$	权益	X
银行存款	X		
稳定币	$X - \beta a$		
全球稳定币（例如 SDR 篮子）			
其他（如政府债券）	X	A 企业所有的稳定币	$X - \alpha a$

（续表）

A 国—货币 A		
全球稳定币（例如 SDR 篮子）		
	B 企业所有的稳定币	X + αa
	其他人所有的稳定币	X
B 国—货币 B		
B 企业（或家庭）		
实物商品	X − a	权益	X
银行存款	X		
稳定币	X + a		

（2）有外汇兑换（即两种国内稳定币以各自的法偿货币计价）（表5.8）。跨境支付似乎在没有产生任何跨境债权的情况下发生。然而，如果考虑到完整的金融账户，并寻找两种货币中稳定币储备变化所隐含的含义，人们就会意识到必须有一个抵消项目来平衡双方的账户。例如，A 国、B 国或第三国的一些投资者必须从 A 债券转换为 B 债券，如下表所示（表5.9）。

表 5.8　两类以本币计价的稳定币进行外汇兑换

A 国—货币 A		
A 企业（或家庭）		
实物商品	X + βa	权益	X
银行存款	X		
A 类稳定币	X − βa		
A 类稳定币（以货币 A 计价）		
储备	X − βa	A 企业所有的稳定币	X − βa
		其他人所有的稳定币	X

（续表）

B 国—货币 B			
B 类稳定币（以货币 B 计价）			
储备	X + a	B 企业所有的稳定币	X + a
		其他人所有的稳定币	X
B 企业（或家庭）			
实物商品	X − a	权益	X
银行存款	X		
B 类稳定币	X + a		

表 5.9　第二类情形

（任何地方的）投资者		
B 国债券	X + a	权益 X
A 国债券	X − a	

只有将上面这个账户包括在内时，每个国家的国内账户才会保持平衡。

稳定币具有灵活性，因此具备提供有效跨境支付手段的潜力，原因如下：

• 首先，由于稳定币本身技术并不确定，可以选择最有效且最现代的技术，因此，它们可以相当高效；

• 其次，规模效应也能够实现低成本，例如将现有社交网络用户作为成员基础。事实上，即便需要通过高成本地了解你的客户要求防范非法支付和洗钱活动（特别是在国际背景下），像 Facebook 这样拥有数十亿客户的大科技公司仍然可以有效获取潜在的稳定币用户。

• 最后，通过将稳定币价值与现有的法偿货币或相关一篮子货币

（如特别提款权）绑定，可以实现支付手段所需的价值稳定性。

然而，稳定币也有一些潜在缺陷，其中包括：

• 一类成功的、在全球范围内表现良好的稳定币将会在国际范围内拥有重大市场权力，这将可能带来滥用市场力量的可能性。大型科技公司还可以存储、使用和销售支付数据，进而引发相应的隐私问题。[1]

• 国际监管机构和标准制定者已经意识到，全球稳定币的大规模资产负债表及其流动资产储备潜藏重大金融稳定和市场稳健问题。在持有者大规模抛售稳定币的情况下，稳定币工具清算资产的需求可能会破坏市场的稳定，从而造成亏损。只有当稳定币专门投资于流动性最强、无风险的资产，且拥有足够的股权缓冲时，才能防止这种情况发生。从法律角度来看，对稳定币发行人管理储备的监管绝非易事，其更取决于许可国的监管框架。此外，谁将为全球稳定币的发行人提供最后贷款人功能，目前尚不清楚。

• 全球稳定币的跨境持有或使用，意味着货币替代和相关宏观经济不稳定的重大风险。这种风险需要通过跨境外汇兑换限制予以应对，即只允许涉及以两种相关本币计价的稳定币之间进行跨境外汇兑换。

• 成功的全球稳定币可能会被主权国家视为对其货币主权的威

---

1. Adachi, M., Cominetta, M., Kaufmann, C. & van der Kraij, A.（2020）. *A regulatory and financial stability perspective on global stablecoins*, ECB Macroprudential Bulletin, No. 10, 5 May 2020; FSB.（2020c）. Regulation, supervision and oversight of 'Global Stablecoin' arrangements, 13 October 2020; Panetta, F.（2020）. *The two sides of the（stable）coin, Speech delivered at Salone dei Pagamenti*, 4 November 2020, published on ECB website; CPMI-IOSCO.（2021）. *Consultative report. Application of the Principles for Financial Market Infrastructures to stablecoin arrangements*, October 2021.

胁。除了可能导致的货币替代问题外，稳定币发行人还能够获取全球跨境支付信息，并可能将其用于商业目的，甚至被外国势力获取。此外，稳定币发行人也可能容易受到政治压力的影响，例如突然被要求禁止为某些司法管辖区提供服务的制裁。这些情况都可能给民族国家及其公民带来潜在的安全风险。

5.7　将国内支付平台和竞争性外汇兑换层互联

支付与市场基础设施委员会解释称，尽管将国内支付基础设施与跨境支付相连较为复杂，但相较于一些创新性的闭环解决方案而言，这种做法可能具有显著优势。[1]支付与市场基础设施委员会指出，跨境即时支付系统互联的基础是全球许多国家内部即时支付平台的兴起。[2]即时（或"快速"）支付是指支付信息的传输和最终资金的获得以实时或接近实时的方式发生，并且尽可能实现全天候运行。通过互联支付系统和整合即时外汇兑换层建立双边或多边安排，原则上可以通过中央银行货币完成跨货币 / 跨境支付。然而，为此需要满足一些先决条件：

• 能够获取跨境账户地址：理想情况下，存在符合全球标准的唯一银行账户标识符（如IBAN），从而确保向收款人提供有效和安全的付款路径。单一欧元支付区已经在加入的欧洲国家范围内实现了这一目标。从用户的角度来看，一种比较好的方法是通过代理（例如唯

1. CPMI.（2018a）. *Central bank digital currencies*. Bank of International Settlements.
2. CPMI.（2016b）. *Fast payments—Enhancing the speed and availability of retail payments*. Bank of International Settlements.

一的电子邮件地址或唯一的电话号码）来获取账户地址，但仍需要全球性的代理查询机制。

• 互联：两个或多个即时支付系统需要通过一个连接层互联，进而将支付订单从一国国内系统传输至另一国国内系统，并且相互传递支付流程信息。连接层还需要有翻译功能，以解决信息数据格式可能存在的差异，同时在理想情况下保持成本效益。

• 即时且低成本的货币兑换层：该层将（伪）跨境支付有效分解为两个国内即时支付。由在两个国家的即时支付系统中拥有账户的银行集团作为做市商。此时，将由提供外汇兑换服务的银行集团"模拟"跨境支付交易，集团内部的一个银行成员收到付款人（位于 A国）在 A 国国内即时支付系统中以 A 货币支付的付款，而集团内部的另一个成员（即位于 B 国的银行）将在 B 国的国内即时支付系统内以 B 货币向收款人进行国内即时支付。为了确保货币兑换层能够持续即时高效地处理跨境支付，做市商有义务在最高支付金额的范围内，提供即时可执行的、有约束力的跨币种支付报价。自动交易流程可以在范围内立即选择最优的货币兑换比率。这种机制的设立应当激励更多的银行成为外汇兑换层的做市商，例如确保竞争性定价、市场深度和流动性，对于大型外汇 / 跨境支付通道而言，显然会更具优势。

• 可直接处理的即时反洗钱 / 反恐融资审查：最后，应当通过事前制定的标准实现自动、即时的反洗钱 / 反恐融资合规性审查。此外，应当拒绝"可疑"支付，或者通过额外的人工分析步骤对其进行处理。

结算机制包括以下步骤：

• A 公司从 B 公司购买价值为"a"的商品（以 B 国货币定价）。

• 它通过 A 银行以 A 国货币进行即时支付，A 银行的应用程序可以将 A 公司需要转账的金额转换为等值的 B 国货币。其价格为在跨境外汇兑换层的做市商中提交的最佳报价。提供报价的刚好是一家在两个国家都有子公司的银行集团，其外汇兑换报价为"β"（为简单起见，我们假设在 A 公司的账户中，实际商品的价值也以相同的方式计算）。

• 此时，外汇交易的结算实际上是两笔国内即时支付转账，交易均通过各自的中央银行账户进行，做市商（外汇银行）作为交易双方的交易对手，并在外汇银行创建集团内部债权和债务作为平衡项目。这说明，在某种意义上，并不真正存在"外汇兑换跨境支付"。

• 为了实现 PvP 交易，结算需要同时进行，并且必须通过相关的程序代码进行链接（表 5.10）。

正如国际清算银行创新中心的 Nexus 项目报告所述，[1] 通过竞争性外汇转换层互联国内即时支付系统的方法有诸多优势：

• 首先效率较高，因为它利用了国内即时支付基础设施和银行的相关服务，以及与银行账户持有人（包括"了解你的客户要求"）的关系。

• 其次，在一定程度上保持了竞争力，在这一模式下，并不是由一家具有市场地位的利润最大化公司来运行系统互联和货币兑换，而是类似公用事业的管理模式，从而促进外汇做市商之间的激烈竞争。此外，它也不会导致闭环稳定币安排或潜在市场分裂所导致的垄断或市场支配等问题。

• 与代理行相比，它能够实现更简单、高效和更具竞争力的跨境

---

1. Bank of International Settlements Innovation Hub（BISIH）.（2021）. *Nexus—A blueprint for instant cross-border payments*. Bank of International Settlements.

支付架构。

• 它保留了代理行实现的普遍覆盖范围优势，即只要建立了链接，就可以对每个银行账户持有人提供清算。

• 货币主权得以保留，因为互联能够防止货币替代以及少数占主导地位的支付公司拥有全球权力（例如在全球稳定币的安排下）。

对于这种模式而言，潜在的问题与建立互联和兑换层的一些技术细节和成本有关，这不仅需要网络服务提供商和信息标准制定者（例如 SWIFT 和 ISO 20022）的意愿和协作能力，还需要立法者和中央银行的意愿和协作能力，例如具备消除潜在障碍的政治意愿，在法律层面建立合理的安排，从而处理交易对手违约等潜在突发事件。换言之，此类安排的其他固定成本还需要包括法律和政治层面的设立成本。

表 5.10　通过中央外汇兑换层进行即时跨境支付

A 国—货币 A			
A 企业			
实物商品	X + βa	权益	X
A 银行存款	X − βa		
A 银行			
在 A 中央银行的存款	X − βa	存款	X − βa
其他资产	X	A 中央银行的信用	X
		权益	X
A 中央银行			
对商业银行的信用	X	A 银行存款	X − βa
		A 外汇银行存款	X + βa
		现金	X
		权益	X

（续表）

A 国—货币 A			
A 外汇银行—A 国子公司			
A 中央银行存款	$X + \beta a$	A 中央银行信用	X
其他资产	X	集团间债务	$X + \beta a$
B 外汇银行—B 国子公司			
B 中央银行存款	$X - a$	B 中央银行信用	X
集团间债权	$X + a$		
其他资产	X		
B 国—货币 B			
B 企业			
实物商品	$X - a$	权益	X
B 银行存款	$X + a$		
B 银行			
在 B 中央银行的存款	$X + a$	存款	$X + a$
其他资产	X	B 中央银行的信用	X
		权益	X
B 中央银行			
对商业银行的信用	X	B 银行存款	$X + a$
		B 外汇银行存款	$X - a$
		现金	X
		权益	X

如果跨境支付的规模较小，那么互联模式可能难以作为潜在解决方案，因为此时成本相对较高，并且在外汇兑换层内很难有足够的竞

争性，同时还需要考量提供外汇兑换服务的银行的流动性成本。互联效率的一个关键因素是用户可以依赖的买卖价差的范围，它又取决于以下因素：①汇率的波动；②以两种货币提供外汇兑换服务的银行获得流动性的成本和可靠性；③报价具备约束力的时限（考虑到付款启动阶段的处理时间）。

尽管互联模式存在诸多挑战，但对于一些更加重要的跨境支付通道而言，国内即时支付系统的相互连接似乎可以作为一种"宝藏方案"：它看起来很有效，基于经过测试和成功运行的现有基础设施，避免了闭环系统、市场碎片化和滥用市场力量的潜在问题，同时保持了货币主权。像 Nexus 这样的全球倡议可以通过在技术方面实现规模经济，并为国内系统提供商和立法者提供基准，从而降低单个支付通道的设置成本。

5.8　跨境支付将如何进一步发展？

理想情况下，跨境支付应当具备以下几个特征：①即时性；②成本低廉；③覆盖范围广；④以安全的结算媒介（如中央银行货币）结算。[1] 由于全球电子数据传输和计算机处理成本的快速下降，新的支付系统技术（允许即时支付）、创新概念（例如包括货币兑换层在内的支付系统的互联）以及前所未有的政治意愿和全球合作，如二十国集团在加强跨境支付方面的工作，上述目标有望实现。

---

1. Bindseil, U., & Pantelopoulos, G.（2022）. *Towards the holy grail of cross-border payments.* European Central Bank Working Paper Series No. 2693.

　　稳定币、传统代理行和金融科技都可以为跨境支付的优化作出贡献。从公共政策的角度来看，稳定币似乎比其他两种选择问题更大，因为它们往往是闭环解决方案，从而将会导致碎片化，而一旦成功，又可能滥用其市场力量。国内即时支付系统与竞争性外汇兑换层的互联可能最有潜力为跨境支付的优化提供方案，因为它们结合了：①技术可行性；②结构相对简单；③避免少数市场参与者最终利用其市场力量占据主导地位，从而保持竞争和开放的架构。此外，④货币主权得到保护，⑤通过国家范围内的外汇兑换层（不适用全球稳定币），避免了本国货币的挤出。国内支付系统的互联也利用了代理行普遍覆盖范围的优势（尽管当然仅适用于实际互联的支付领域）。最后，所有解决方案都要求在反洗钱／反恐融资合规方面取得重大进展，以确保绝大多数跨境支付的直通式处理。

6 中央对手方

6.1 概 述

中央对手方是衍生品合同交易对手之间的中间方，它既包括私下协商的合同——场外交易（Over the Counter, OTC）衍生品，也包括在公开的交易所进行交易的合同（交易所交易衍生品）。场外交易衍生品主要指远期和掉期，而交易所交易衍生品则通常由期权和期货组成。一般而言，双方之间会就某一特定协议在未来某一时刻（例如，T 时点的 t 时间之后，T + t）履行达成双边交易。而中央对手方能够带来提高金融市场效率和稳定性的优势，其作用在全球金融危机之前就已得到认可。例如，支付结算体系委员会和国际证监会组织总结中央对手方的作用包括：

> 首先，中央对手方能够对所有市场参与者执行更稳健的风险控制要求，并且对多边交易进行抵消实现净额结算，从而显著降低市场参与者的风险。其次，通过降低风险并在互不了解的双方之间促成交易，中央对手方也能够提高市场流动性。然而，中央对手方也将风险本身和管理风险的责任转嫁并集中在自身。因此，中央对手方自身风险控制的有效性及财务资源的充分性是相

关金融市场基础设施面临的关键问题。[1]

在2008年全球金融危机之前，场外交易衍生品市场很少通过集中交易机制进行，但交易所交易衍生品则已经在中央对手方进行清算。[2]在此背景下，场外交易衍生品交易往往依赖少数几家大型交易商，其他交易者则与大型交易商签署信用支持文件，以防范信用风险（例如美林、高盛、法国巴黎银行、花旗集团、摩根大通）。[3]

尽管对合同的集中清算已经实践了至少130年（见下文），然而，2008年全球金融危机揭示了大型金融机构之间复杂的场外交易衍生品风险敞口网络，使得关于衍生交易和中央对手方的监管交易框架再次受到广泛关注。[4]为此，在2009年9月26日匹兹堡峰会上，二十国集团领导人就监管达成一致，要求所有标准化的场外交易衍生品合同应在2012年底前通过中央对手方进行清算，并向交易存储库报告。因此，根据《欧洲市场基础设施法规》和《多德—弗兰克法案》的相关规定，如今，欧盟和美国要求所有标准化的场外交易合同都必须通过中央对手方进行清算。不过，实际上早在金融危机之前，中央对手方清算就已经是一个重要的话题。[5]

1. CPSS-IOSCO. (2004). *Recommendations for central counterparties*. Bank of International Settlements.

2. Thomadakis, A., & Lannoo, K. (2021). *Setting EU CCP policy—much more than meets the eye*. European Capital Markets Institute and Centre for European Policy Studies.

3. Ruffini, I., & Steigerwald, R. S. (2014). OTC derivatives—A primer on market infrastructure and regulatory policy. *Economic Perspectives*, 38 (3), 80—100.

4. Domanski, D., Gambacorta, L., & Picillo, C. (2015). Central clearing: Trends and current issues. *BIS Quarterly Review*, December.

5. CPSS-IOSCO. (2004). *Recommendations for central counterparties*. Bank of International Settlements; ECB. (2007). The role of central counterparties. Issues related to central counterparty clearing, *ECB-FED Chicago Conference*, 3—4 April, 2006; Mallaby, S. (2016). *The man who knew: The life and times of Alan Greenspan*. Bloomsbury Publishing.

　　一些中央对手方仅对一种金融工具提供清算服务（单产品清算），其他中央对手方则会清算多种金融工具（多产品清算）（例如，既清算交易所交易衍生品，也清算场外交易衍生品）。[1]大型中央对手方通常清算多种金融工具，而较小的中央对手方则可能只清算一种金融工具。中央对手方参与者需要被认证为清算成员，并且必须达到最低信用标准。[2]

6.2　中央对手方的核心活动

　　从参与双边协议的各个交易对手的角度而言，中央对手方的介入往往是有益的，尤其是在管理因标的资产价格波动而进行的保证金变动时。例如，一份期货合同的买方持有"多头"头寸，如果标的资产的价值上升，他将获利。相反，该合同的卖方会产生"空头"头寸，并在资产价值下降时获利。假如资产价值上升（下降），合同的卖方（买方）需要向交易对手支付变动保证金，从而反映合同价值根据市值计价的波动。它会产生一系列交易后的债权和债务，表明交易双方的信用处于相互关联的状态。

　　此时，中央对手方的介入能够提供一些独特优势，通过债的更新，交易后的债权都集中于中央对手方，它成为每个卖方的买方，也

---

1. BdF. (2018). *Payments and market infrastructure in the digital age.* BdF Publication.
2. Council of Financial Regulators. (2011). *Central clearing of OTC derivatives in Australia.* Australian Prudential Regulation Authority, Australian Securities and Investments Commission, Reserve Bank of Australia and the Department of the Treasury, Commonwealth Government, Australia.

成为每个买方的卖方，从而保证衍生合同的履行。[1] 债的更新意味着交易的每一方都要信任中央对手方，认为对中央对手方的债权至少和其他交易者一样好，约定始终接受对中央对手方的债的更新。通过这种方式，就能够将债权债务关系形成的欠条网络净额结算，[2] 即使扩展到无限数量的各方同样成立。[3] 通过中央对手方的风险管理框架，它向债权人提供了所有债权将会得到履行的保证，因此，中央对手方的存在减少了直接的信用互联性并改善了金融不稳定性。[4]

85   1883 年，美国芝加哥交易所成立了第一家从事合同清算的清算所。不过当时这家清算所并没有通过债的更新的方式，以中央对手方的身份介入交易。直到 1925 年，芝加哥期货交易所才成立了交易清算合作委员会，并通过债的更新介入交易对手之间的合同。[5] 第一家通过债的更新介入合同清算，进而成为中央对手方的清算所很可能

1. Garvin, N. (2012). Central counterparty interoperability. *RBA Bulletin*, June, 59—68; Domanski, D., Gambacorta, L., & Picillo, C. (2015). Central clearing: Trends and current issues. *BIS Quarterly Review*, December.

2. Bindseil, U., & Pantelopoulos, G. (2022). *A brief history of payment netting and settlement*. IBF Paper Series 01-2022.

3. Council of Financial Regulators. (2011). *Central clearing of OTC derivatives in Australia*. Australian Prudential Regulation Authority, Australian Securities and Investments Commission, Reserve Bank of Australia and the Department of the Treasury, Commonwealth Government, Australia.

4. Gregory, J. (2014). *Central counterparties: mandatory central clearing and initial margin requirements for OTC derivatives*. Wiley.

5. Moser, J. T. (1994). Origins of the modern exchange clearinghouse: A history of early clearing and settlement methods at futures exchanges. *Federal Reserve Bank of Chicago Working Paper Series* No. 94—3; Kroszner, R. (2006). Central counterparty clearing: History, innovation, and regulation. *Economic Perspectives*, 30 (4).

是 19 世纪末德国和法国的商品交易所。[1] 德国汉堡（咖啡期货）、马格德堡（糖期货）和莱比锡交易所是最早建立中央对手方的交易所之一。正如埃默里（Emery）所言：

> 欧洲的咖啡贸易（有时也在粮食交易中）似乎已经发展出一种特殊形式的清算所，被称为 caisse de liquidation 或 Liquidationskasse。它的独特之处在于清算所本身对所有合同负责。双方首次订立合同时，会发出通知……并交付一笔保证金。在任何一方违约的情况下，清算所会保证合同的另一方不受损失，并尽可能利用违约方的资产赔付自己的支出。换言之……caisse de liquidation 实际上是每项合同的其中一方。所有的付款都是向它支付的，所有的交货都是由它完成的。[2]

为进一步分析中央对手方债的更新的价值，可参照表 6.1 所示的五方之间的风险敞口矩阵，假设各方之间的所有双边交易后债权债务的值均为 1。这些交易后债权债务可能是由于标的资产的价格波动产生，因此，有负债的一方需要支付变动保证金。在对称的情形下（表中黑色部分），每一方都有两项债权，同时需要承担两项负债。相较之下，在不对称的情形下（表中括号内灰色部分），有的人只是债务人（如 1 号），有些人则只是债权人（如 5 号），而其他各方则不同程

---

1. Bliss, R. R., & Papathanassiou, C.（2006）. Derivatives clearing, central counterparties and novation: The economic implications. *Central Counterparties and Novation: The Economic Implications*（March 8, 2006）; BdF.（2018）. *Payments and market infrastructure in the digital age*. BdF Publication.

2. Emery, H. C.（1896）. *Speculation on the stock and produce exchanges of the United States*. Columbia University.

度地介于 1 号和 5 号之间。只有第 3 方的债权和债务相等，类似于对称情形下的例子。

表 6.1　对称和非对称风险敞口矩阵

债务↓ 债权→	1	2	3	4	5	总资产
1		1	1			2（0）
2	（1）		1	1		2（1）
3	（1）	（1）		1	1	2（2）
4	1（1）	（1）	（1）		1	2（3）
5	1（1）	1（1）	（1）	（1）		2（4）
总负债	2（4）	2（3）	2（2）	2（1）	2（0）	

　　还可以通过有向图（图 6.1）表示对称（黑色实线箭头）和非对称的情形（灰色虚线箭头）。例如，在对称的例子中，3 号是 5 号的债权人，因此，有一条从 3 号到 5 号的实线箭头。而在不对称的例子中，1 号对其他任何都没有债权，因此没有从 1 号出发的虚线箭头。

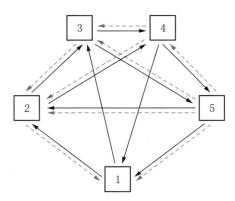

图 6.1　对称和非对称风险敞口矩阵

相较之下，由于 5 号对四个人都有债权，因此有四个从 5 号出发的虚线箭头。

在没有中央对手方的情形下，未经清算的场外交易衍生品意味着一种持续性的信用关联，各方之间双边衍生交易的净值取决于双边担保协议，例如国际掉期与衍生工具协会信用支持附件（Credit Support Annex, CSA）的规定，它定义了衍生交易各方提供担保品的条款。尽管不一定需要初始保证金，但需要变动保证金，即只要合同价值波动，就调整担保品头寸，从而提供履约保障。这意味着有必要签署大量 CSA，并且需要每日通过与大量对手方的担保品管理履约保障。

虽然双边净额结算可以减少信用保护所需的担保品数量，但相较于中央清算而言，这种方法的作用相当有限，因此需要在两种主要方式的基础上对于合同进行更新：①对手方风险大幅降低，②有更大的净额结算范围。

在实时全额结算系统的流动性效率（第 4 章，第 4.2 节）的分析中，可以发现支付系统中的每一个支付义务循环都可以通过适当的机制消除。在金融合同的背景下，中央对手方的存在也可以被视为类似的机制。在上述对称情形下，所有参与方均对彼此有着相等的债权债务，所以外部循环可以被抵消。剩余的部分实际上也是一个循环，如果我们改变各的顺序，就可以显得更加清晰。因此，所有债务都可以在没有任何剩余财务风险的情况下清算。在找不到信用循环的情况下（图 6.2 左侧），在不对称的情形下，净额结算的潜在效果要小得多。然而，通过一些参与者（1 号、2 号和 3 号）向中央对手方承担责任，而中央对手方则向另一些参与者（4 号和 5 号）承担责任，交易后债权仍然可以实现多边净额结算。

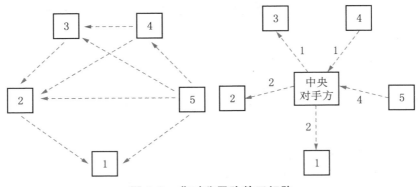

图 6.2　非对称风险敞口矩阵

6.3　中央对手方的风险管理框架

由于合同的更新是中央对手方商业模式的核心，因此，财务风险管理对中央对手方而言至关重要。[1] 鉴于中央对手方通常会面临各种当前和潜在的风险敞口，因此它必须在一个健全的风险管理框架下运作。如支付结算体系委员会和国际证监会组织所述，当前风险敞口是由于标的资产市场价值过去的波动而产生的。[2] 而未来风险敞口源于标的资产的市场价值突然变化的可能性，它可能会使得中央对手方面临违约市场参与者的风险敞口。[3]

从中央对手方的角度而言，其风险管理计划往往配备了几层防

---

1. Carter, L., & Garner, M.（2015）. Skin in the Game—Central Counterparty Risk Controls and Incentives. *RBA Bulletin*, June, 79—88.

2. CPSS-IOSCO.（2012）. *Principles for financial market infrastructures.* Bank of International Settlements.

3. Murphy, D., & Vause, N.（2021）. *A CBA of APC: Analysing approaches to procyclicality reduction in CCP initial margin models.* Bank of England Staff Working Paper No. 950.

线——通常称为"违约瀑布"（default waterfall），用于弥补清算成员违约所造成的任何损失。[1] 如果发生违约情形，中央对手方"……在面对任何潜在市场危机时，将部署一系列工具和举措，使其活动尽可能安全"。[2]

第一道防线是，在合同更新之前，中央对手方会要求参与者提供担保品，通常为现金或有价证券。[3] 如果担保品是通过证券形式提供的，中央对手方通常会对其进行估值减记。与中央银行的抵押贷款业务类似，减记的规模将取决于担保资产的质量。[4]

有必要区分两种类型的保证金：①初始保证金存款；②变动保证金。初始保证金存款（或初始保证金）会存入中央对手方。初始保证金对应的是参与者违约后，中央对手方在清算担保品之前的短时间内（通常为 5 天）需要弥补的预估损失（Priem, 2018）。从中央对手方的角度来看，假设初始保证金的规模足够大，即使在不利的市场条件下也能弥补任何缺口（例如 99% 以上）。[5] 通常，中央对手方会采用投资组合保证金，即初始保证金金额基于清算成员整体投资组合（包括不同工具）的预估损失。在投资组合保证金的情形下，中央对手方向清算成员收取的保证金将显著低于按工具或按货币计算的初始保证金。

1. CPMI-IOSCO. （2017）. *Resilience of central counterparties（CCPs）: Further guidance on the PFMI.* Bank of International Settlements.

2. Norman, B., Shaw, R., & Speight, G. （2011）. *The history of interbank settlement arrangements: Exploring central banks' role in the payment system.* Bank of England Working Paper No. 412.

3. Duffie, D., Scheicher, M., & Vuillemey, G. （2015）. Central clearing and collateral demand. *Journal of Financial Economics*, 116（2）, 237—256.

4. 有研究对担保品和估值减记进行了进一步讨论。Nyborg, K. G. （2017）. *Collateral frameworks: The open secret of central banks.* Cambridge University Press.

5. Huang, W., & Takáts, E. （2020）. *The CCP-bank nexus in the time of Covid-19.* Bank for International Settlements Bulletin No. 13; Hull, J. （2012）. CCPs: Their risks, and how they can be reduced. *The Journal of Derivatives*, 20（1）, 26—29.

顾名思义，清算成员必须在交易流程开始时向中央对手方缴纳初始保证金，相较之下，变动保证金则在未清算衍生品头寸随市场价格波动时保护中央对手方，原则上与适用于国际掉期与衍生工具协会信用支持附件框架内双边未清算衍生品头寸的担保方式相同。如前文所述，如果从清算成员的角度来看，其衍生品投资组合的价值是负的，那么成员需要缴纳一定数量的担保品来覆盖这一负头寸。通过按市值计价和每日追加保证金，中央对手方可以解释其账面上交易价值的变化，因而包含其对市场风险的敞口。[1] 如果市场波动较大，中央对手方一天中甚至会多次发出追加保证金通知。

初始保证金和变动保证金之间有一个重要的区别，初始保证金仅由清算成员单向缴纳，使中央对手方获益，而对于变动保证金而言，中央对手方则没有这种特殊且不对称的地位，而是预先以对称的方式向对手方收取和缴纳担保品。此外，不同的价格变化模式对两类保证金的影响也不同。市场价格在 3 个月内持续上涨可以显著增加变动保证金，但对初始保证金的影响不大。相较之下，暂时性的极端波动将使初始保证金快速增长，但不会导致变动保证金持续变化，例如价格在一周内剧烈波动，但随后又基本上回到上涨前的水平。初始保证金增加的持续时间将取决于中央对手方波动率模型的时间范围。

在罕见负面事件的情况下，如果违约成员的初始保证金不足，中央对手方仍可能面临损失。因此，为履行自身职责并防范违约，中央对手方必须配备足够的额外资源。为此，中央对手方的清算成员也必须为违约基金提供资金，这是中央对手方的第二道防线。与初始保证

---

1. Elliot, D. (2013). *Central counterparty loss-allocation rules*. Bank of England Financial Stability Paper No. 20.

金一样，计算清算成员所需支付违约基金的方法由中央对手方决定，通常与参与者对中央对手方的风险水平近似相关，[1] 还会结合中央对手方自身的内部压力测试。[2] 中央对手方的违约基金至少必须覆盖风险敞口最大的参与者违约时造成的损失，此时，该参与者违约导致的风险敞口金额被称为"Cover 1"。对于更具系统重要性或清算复杂产品的中央对手方，覆盖范围更为严格，预计中央对手方需要覆盖风险敞口最大的两个参与者的违约，此时，两名参与者违约导致的风险敞口金额则被称为"Cover 2"。[3]

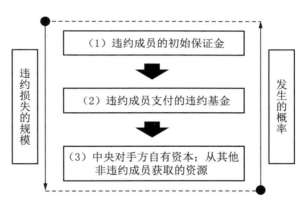

图 6.3　违约瀑布

如果前两道防线均被攻破，中央对手方就需要减少资本，动用自身资源弥补损失，它通常被称为自有资本（skin in the game）。[4] 此

1. Elliot, D.（2013）. *Central counterparty loss-allocation rules*. Bank of England Financial Stability Paper No. 20.

2. Eurex.（2019）. Spotlight on: CCP risk management. Eurex Clearing AG.

3. CPMI-IOSCO.（2017）. *Resilience of central counterparties（CCPs）: Further guidance on the PFMI*. Bank of International Settlements.

4. Domanski, D., Gambacorta, L., & Picillo, C.（2015）. Central clearing: Trends and current issues. *BIS Quarterly Review*, December.

外，中央对手方还可以通过以下方式利用非违约成员的资源：①使用其缴付的违约基金，②甚至还可以要求非违约成员提供补充资金。[1]因此，在动用其第三道防线时，中央对手方具有超出其资产负债表约束吸收损失的能力。[2]不过，这些举措并不能彻底防止中央对手方违约，尽管这种情形很少见，但在最近数年曾有三家中央对手方破产。[3]

在流动性方面，中央银行通常是中央对手方的最后贷款人。[4]例如在美国，根据《多德—弗兰克法案》，美联储可以在市场极度紧张的时候向陷入困境的中央对手方提供额外流动性。在某些情况下，英格兰银行同样可以作为最后贷款人，介入面临压力的中央对手方并进行干预。[5]而在欧元区，一些中央对手方拥有银行牌照，因而可以通过欧洲央行常规的边际贷款工具获得流动性（图 6.3）。

与违约瀑布相结合的另一项风险保护措施是为中央对手方的清算成员或参与者的直接会员资格设定严格的标准。一般而言，相应标准基于评级机构发布的信用评级等公开信息，主要与参与者的业务范围、基本状况和偿付能力有关。中央对手方与其他金融服务机构类似，通常有分层的会员资格，包括直接参与者和间接参与者，间接参与者是直接参与者的客户。但是，间接参与模式需要确保纳入与间接

1. BdF. (2018). *Payments and market infrastructure in the digital age.* BdF Publication.
2. Faruqui, U., Huang, W., & Takáts, E. (2018). Clearing risks in OTC derivatives markets: The CCP-bank nexus. *BIS Quarterly Review*, December.
3. Cross, N. (2021). Examining the causes of historical failures of central counterparties. *RBA Bulletin*, June Quarter 2021.
4. Coeuré, B. (2019). *The case for cooperation: Cross-border CCP supervision and the role of central banks. Introductory remarks by Benoît Coeuré, Member of the Executive Board of the ECB, at a conference on CCP risk management organised by the Deutsche Bundesbank, the ECB and the Federal Reserve Bank of Chicago*, Frankfurt am Main, 27 February 2019.
5. Bank of England. (2022). *SMF operating procedures*. Available at: https://www.bankofengland. co. uk/-/media/boe/files/markets/sterling-monetary-framework/operating-procedures.

成员有关的风险，它进一步带来了头寸隔离问题，这对于中央对手方及其客户而言都是一项风险管理问题。[1] 间接参与可以通过独立账户结构实现，其中每个间接参与者的担保品在中央对手方单独隔离的账户中持有。而在综合账户结构中，属于某一特定直接参与者的所有客户的担保品则会被集中（"混合"）并保存在一个账户中。虽然这种方法在操作上更有效率，但它可能会产生风险。

由于投资组合保证金方法导致清算集中化和效率提升，衍生品的清算集中在少数中央对手方。[2] 为此，学者强调，对于欧盟的许多中央对手方而言，绝大多数由它清算的衍生品都是由中央对手方母国以外的参与者发起的。[3] 此时，这些中央对手方可能会面临多个地区的破产风险，因而需要采取措施减轻系统性风险的潜在威胁。[4] 此外，中央对手方的全球化还带来了对本国银行使用外国中央对手方的监管认可及其审慎影响的问题。例如，欧盟在《欧洲市场基础设施法规》第 2.2 条中设计了一种渐进的、风险驱动的方法来识别第三国中央对手方（third-country CCPs, TC-CCPs）。如果第三国中央对手方获得欧洲证券市场管理局的认可，它就可以向在欧盟建立的清算成员和交易场所提供清算服务，认可程序取决于欧盟委员会对第三国中央对手方相关法律、监管

---

1. CPSS-IOSCO. (2012). *Principles for financial market infrastructures*. Bank of International Settlements.

2. Faruqui, U., Huang, W., & Takáts, E. (2018). Clearing risks in OTC derivatives markets: The CCP-bank nexus. *BIS Quarterly Review*, December.

3. Coeuré, B. (2019). *The case for cooperation: Cross-border CCP supervision and the role of central banks. Introductory remarks by Benoît Coeuré, Member of the Executive Board of the ECB, at a conference on CCP risk management organised by the Deutsche Bundesbank, the ECB and the Federal Reserve Bank of Chicago*, Frankfurt am Main, 27 February 2019.

4. Gregory, J. (2014). *Central counterparties: mandatory central clearing and initial margin requirements for OTC derivatives*. Wiley.

和执行框架采取的所谓"等效决定"（equivalence decision）。此外，欧洲证券市场管理局还需要与相关当局达成合作安排或谅解备忘录，以支持监管合作和信息交流。欧洲证券市场管理局于 2023 年 4 月发布了一份第三国中央对手方清单，其中包括 39 个第三国中央对手方。同时，它还与这些第三国中央对手方所在的 22 个国家的当局签署了合作安排。外国当局也会对欧盟中央对手方采用类似的框架。

6.4 通过中央对手方进行中央清算的财务账户示例

为了更清晰地展现合同的中央清算，下表中的金融账户对中央对手方结算的衍生品合同（例如期货）进行了说明。本例中，两个清算成员均为中央对手方的直接会员。请注意，衍生工具和保证金的会计处理实际上是很复杂的，其变动通常不会显示在如下所示的官方财务账户中。下表展示的更多是对于资金流动和权益影响的经济解释。

表 6.2 通过单一中央对手方进行的国内清算

X 国—货币 X			
清算成员 1			
在中央银行的存款	$X - d - b - a2$	其他负债	X
向中央对手方缴付的违约基金	$+ d$	权益	$X - a1$
向中央对手方缴付的保证金	$+ b + a2$		
衍生品头寸净值	$- a1$		
其他资产	X		

（续表）

X 国—货币 X			
中央对手方			
在中央银行的存款	+ 2d + 2b + a2 − a2	初始保证金	+ 2b
其他资产	X	违约基金	+ 2d
		清算成员 1 的变动保证金	+ a2
		清算成员 2 的变动保证金	1 − a2
		权益	X
清算成员 2			
在中央银行的存款	X − d − b + a2	其他负债	X
向中央对手方缴付的违约基金	+ d	权益	X + a1
向中央对手方缴付的保证金	+ b − a2		
衍生品头寸净值	+ a1		
其他资产	X		

• 当中央对手方成立时，清算成员必须向违约基金出资，每人出资金额为"d"，以中央银行货币结算。

• 在 T + 0 时，两个清算成员同意合同条款（如价格、期限等）。合同在中央对手方清算，中央对手方对清算成员收取初始保证金"b"。两家清算成员将初始保证金支付给中央对手方，以中央银行货币结算（注意 d > b）。

• 假设在 T + t 时，标的资产的现货价格下跌。因而给持有多头头寸的清算成员 1 带来了资本损失 a1，它被记录在资产端的"衍生品头寸净值"中。相对而言，清算成员 2 持有的空头头寸则会带来 a1 的资本收益。

• 中央对手方发出金额为"a2"的变动保证金通知，由清算成员 1 在 T + 1 日向中央对手方支付结算，而中央对手方则向清算成员 2 支付等额的变动保证金。保证金的支付和收取均由中央银行货币结算（注意 a1 = a2）（表 6.2）。

6.5 中央对手方在市场压力下的表现

中央对手方引发广泛讨论的一项议题在于它有可能助长金融体系的顺周期性。[1] 在极端的市场压力下，中央对手方通常会收取更高的初始保证金、增加担保品减记甚至限制担保品资格。[2] 与此同时，资产价格大幅下跌将导致中央对手方追加更高额的变动保证金。[3] 为了

1. Brunnermeier, M. K., & Pedersen, L. H.（2009）. Market liquidity and funding liquidity. *The Review of Financial Studies*, 22（6）, 2201—2238; Murphy, D., Vasios, M., & Vause, N.（2014）. *An investigation into the procyclicality of risk-based initial margin models.* Bank of England Financial Stability Paper No. 29; Glaser, F., & Panz, S.（2016）.（*Pro?*）*-cyclicality of collateral haircuts and systemic illiquidity.* European systemic risk board working paper series No. 27.

2. King, T. B., Nesmith, T. D., Paulson, A. L., & Prono, T.（2020）. *Central clearing and systemic liquidity risk*, Finance and Economics Discussion Series, 2020-009; Benos, E., Ferrara, G., & Ranaldo, A.（2022）. *Margin procyclicality and the collateral cycle.* Bank of England Staff Working Paper No. 966.

3. Bakoush, M., Gerding, E., & Wolfe, S.（2019）. Margin requirements and systemic liquidity risk. *Journal of International Financial Markets, Institutions and Money*, 58, 78—95.

满足这些需求，面临市场压力的参与者可能会被迫贱卖资产，而这可能导致资产价格进一步降低，进而形成资产价格持续下跌的恶性循环[1]并引发系统性流动性风险。[2]同时，亦有人关注中央对手方降低顺周期风险方面的作用，主要出于以下两个原因。首先，通过降低交易对手风险，中央对手方可能会避免彻底的僵局，确保衍生品交易能够继续进行。其次，集中多边净额结算的运用最大限度地减少了必须支付的担保品数量（从而减少了资产贱卖等现象的程度）。[3]整体而言，尽管中央对手方与保证金顺周期性之间的关联性众说纷纭，但鉴于其在合同清算方面的积极效果，因此中央对手方无疑能够在提高金融稳定性方面产生积极效果。

随着全球金融危机的到来，中央对手方的风险管理计划在极端市场压力时期的有效性在一定程度上经受住了考验。[4]有学者指出，事实证明，在雷曼兄弟违约后，中央对手方具有相当程度的弹性。[5]学者描述了总部位于伦敦的中央对手方——伦敦结算所在雷曼兄弟的合同清算中的表现。[6]伦敦结算所的风险敞口约为 9 万亿美元，涉及五

1. European Systemic Risk Board（2020）. *Mitigating the procyclicality of margins and haircuts in derivatives markets and securities financing transactions*. European Systemic Risk Board, European System of Financial Supervision.

2. Murphy, D., & Vause, N.（2021）. *A CBA of APC: Analysing approaches to procyclicality reduction in CCP initial margin models*. Bank of England Staff Working Paper No. 950.

3. Cecchetti, S. G., Gyntelberg, J., & Hollanders, M.（2009）. Central counterparties for over-the-counter derivatives. *BIS Quarterly Review*, September; Financial Stability Board（FSB）.（2020）. *Holistic review of the march market turmoil*. Financial Stability Board.

4. Wendt, F., & Shabsigh, G.（2015）. *Central counterparties: Addressing their too important to fail nature*. International Monetary Fund Working Paper No. 21.

5. Bell, S., & Holden, H.（2018）. Two defaults at CCPs, 10 years apart. *BIS Quarterly Review*, December 2018.

6. Monnet, C.（2010）. *Let's make it clear: how central counterparties save（d）the day*. Business Review.

种主要货币的 66390 笔交易。然而，伦敦结算所最终在没有动用违约基金的情况下，设法清算了雷曼兄弟的所有投资组合。正是出于此类原因，有人将中央对手方描述为全球金融危机中"超级英雄"。[1]

新冠病毒大流行也检验了中央对手方风险管理计划的弹性，研究表明，市场波动最终导致价格大幅波动，促使中央对手方大幅追加初始保证金和变动保证金。初始保证金增加是因为波动性的显著增加（从前瞻性意义上讲），而变动保证金增加是因为衍生合同清算已实现价值的大幅变化。[2]事实上，在某些情况下，许多交易所交易衍生品的初始保证金要求翻了一番。[3]它导致清算成员的流动性头寸紧张，而对于那些资产负债表上没有高质量流动资产（High-Quality Liquid Assets, HQLA）的清算成员而言，预计更高的初始保证金和变动保证金要求促使它们开始囤积流动资产。尽管市场剧烈动荡，但中央对手方相对而言毫发无损地经受住了波动。[4]不过，根据国际掉期与衍生工具协会（International Swaps and Derivatives Association, ISDA）的说法，有三起清算成员违约的案例确实导致了一些轻微的交易中断，其中两起通过动用违约基金得到处理，最后一起则在没有使用违约基金的情况下得以恢复。[5]考虑到 2019 新冠病毒大流行带

1. Norman, B., Shaw, R., & Speight, G. (2011). *The history of interbank settlement arrangements: Exploring central banks' role in the payment system.* Bank of England Working Paper No. 412.

2. Huang, W., & Takáts, E. (2020). *The CCP-bank nexus in the time of Covid-19.* Bank for International Settlements Bulletin No. 13; CPMI-IOSCO (2021). *Consultative report. Application of the Principles for Financial Market Infrastructures to stablecoin arrangements*, October 2021.

3. Murphy, D., & Vause, N. (2021). *A CBA of APC: Analysing approaches to procyclicality reduction in CCP initial margin models.* Bank of England Staff Working Paper No. 950.

4. Financial Stability Board (FSB) (2020). *Holistic review of the march market turmoil.* Financial Stability Board.

5. International Swaps and Derivatives Association (ISDA) (2021). *COVID-19 and CCP risk management frameworks*, January 2021, 1—12.

来的教训，国际掉期与衍生工具协会建议采用"前瞻性"和"保守性"保证金要求，以确保因市场波动而增加的保证金要求不会过于繁重。[1]

支付与市场基础设施委员会和国际证监会组织 2022 年发布的《保证金实践回顾》是一份关于 2019 年 3 月市场动荡对中央对手方保证金影响的最终报告。它对于初始和变动保证金的变化进行了详尽的分析。根据该报告第 2 页内容，中央对手方每日追加变动保证金从 250 亿美元左右增加到 1400 亿美元的峰值。2020 年 3 月，中央对手方收取的初始保证金总额增加了约 3000 亿美元，超额担保品进一步增加了 1150 亿美元，导致中央对手方预先收取的担保品总额增加了 4150 亿美元（相较 2020 年 2 月的平均水平增加了约 40%）。不到一半的担保品是现金形式。[2]

2022 年俄乌冲突同样引发了大宗商品价格（尤其是电力和天然气）的大幅上涨，导致中央对手方对那些空头参与者发出了大幅追加变动保证金的要求，[3] 同时，鉴于前所未有的市场波动，所有参与者的初始保证金都大幅增加。尽管如此，欧洲证券市场管理局的报告称，除了直接清算成员的一次小额违约事件外，对中央对手方的负面影响

---

1. International Swaps and Derivatives Association（ISDA）（2021）*COVID-19 and CCP risk management frameworks*, January 2021, 1—12; CPMI-IOSCO（2021）. *Consultative report. Application of the Principles for Financial Market Infrastructures to stablecoin arrangements*, October 2021.

2. CPMI-IOSCO（2022）. *Review of margining practices*. Bank of International Settlements.

3. McCrank, J.（2022）. *Commodities market volatility sparks spillover concerns*. Reuters. Available at: https://www.reuters.com/article/ukraine-crisis-ice-clearinghouses-idCNL2N2 VB2FM; Mourselas, C.（2022）. *Energy firms call for central bank support to cover margin spikes*. Risk.net. Available at: https://www.risk.net/risk-management/7938691/energy-firms-call-for-central-bank-support-to-cover-margin-spikes.

也是整体可控的。[1]

除了市场普遍动荡的时期外，中央对手方的风险管理计划也需要处理其他一些情形下参与者违约的状况。此类案例包括 2013 年韩国证券交易所中央对手方的一名清算成员违约，以及 2018 年斯德哥尔摩期权交易所中央对手方的一名清算成员违约。[2]

---

1. European Securities and Markets Authority. (ESMA) (2022). *4th stress test exercise for central counterparties.*
2. Bell, S., & Holden, H. (2018). Two defaults at CCPs, 10 years apart. *BIS Quarterly Review*, December 2018; Ewald, C. O., Haugom, E., Lien, G., Song, P., & Størdal, S. (2022). Riding the Nordic German power-spread: The Einar Aas experiment. *The Energy Journal*, 43（5）.

7 外汇操作和持续连接结算

7.1 概　述

美元能够维持国际地位的原因体现在其作为全球储备货币的作用上。国际货币基金组织估计，即便受到中国的人民币国际化和欧元使用扩大化的冲击，以及最近报道的中国、俄罗斯、印度和巴西等国在贸易和外汇储备方面去美元化趋势的影响，仍然有①全球贸易的一半以美元计价；②中央银行外汇储备的三分之二以美元计价；③45%的外汇交易涉及美元。[1]

除了从代理行账户中提取现有的美元存量（如第 5 章所示）之外，银行还可以通过其他几种途径筹集美元，进而为跨境流动提供资金。当然，美元融资网络非常广泛，包括一系列不同的中介机构和金融工具。

美元融资在地理分布上呈现出分散化的特点。以非美国银行为

---

1. International Monetary Fund（2020）. *Reserve currencies in an evolving international monetary system*. International Monetary Fund Strategy, Policy and Review Department, No. 20/02, Washington, DC.; Gopinath, G.（2017）. Rethinking macroeconomic policy: International economy issues. In *Rethinking Macroeconomic Policy Conference*, Peterson Institute for International Economics, October; Gopinath, G., Boz, E., Casas, C., Díez, F. J., Gourinchas, P. O., & Plagborg-Møller, M.（2020）. Dominant currency paradigm. *American Economic Review*, 110（3）, 677—719.

例，它们大多通过在美国设立的分支机构和子公司（作为总部的代理行）来筹集美元资金。研究表明，截至 2016 年第四季度，在 27 万亿美元的跨境债权中，约有 9 万亿美元属于集团内部债权。[1] 然而，自全球金融危机以来，欧洲银行对集团内融资的依赖程度有所降低。相比之下，欧洲之外的银行则更加倚重其分支机构和子公司进行融资。[2]

尽管以美元计价的跨境银行间债权（不包括集团内部贷款）规模已达 1.8 万亿美元，但在美元融资中发挥主导作用的仍是外汇交易（包括即期、直接远期和掉期交易）。国际清算银行的统计数据显示，2019 年外汇市场的日均交易量达到约 6.6 万亿美元，其中即期交易约为 2 万亿美元，直接远期交易约为 1 万亿美元。目前，外汇交易中占比最大的工具是外汇互换（即期 + 远期），其规模高达 3.2 万亿美元。值得注意的是，虽然即期交易在整个外汇市场中的占比持续下降，但外汇互换交易的市场份额却呈现稳步增长态势。与此同时，鉴于 88% 的交易涉及美元，美元的主导地位仍无法撼动。[3] 在日均交易的基础上，2019 年的总义务金额为 18.8 万亿美元：即期交易为 2 万亿美元，远期交易为 4 万亿美元，外汇互换交易为 12.8 万亿美元。

外汇即期交易并非实时结算，通常采用 T + 2 模式，即在交易完成后的两个工作日内进行结算。具体而言，外汇即期交易的结算过程分为两个环节：首先，一家银行向交易对手方（另一家银行）提供本

1. McCauley, R. N., Bénétrix, A. S., McGuire, P. M., & von Peter, G. (2019). Financial deglobalisation in banking? *Journal of International Money and Finance*, 94, 116—131.

2. Aldasoro, I., & Ehlers, T. (2018). The geography of dollar funding of non-US banks. *BIS Quarterly Review*, December.

3. Bank of International Settlements (2019b). *Triennial Central Bank Survey, Foreign Exchange Turnover in April 2019*. Monetary and Economic Department.

国货币；其次，交易对手方也需提供其本国货币。[1]与之相比，外汇互换的结算过程更为复杂，包含四个环节，这是因为即期和远期交易各自都需要两个结算环节。

时区差异导致全球各地支付结算系统的运行时间无法完全重叠，这使得交易对手方长期面临外汇结算中的信用风险（在某些货币交易中，这种情况至今仍然存在）。具体表现为：结算的两个环节相互独立进行，如果一方完成支付而另一方违约未支付，已履行支付义务的一方可能面临外汇交易全额损失的风险。[2]为应对这一风险，最理想的解决方案是通过 PvP 机制将两个结算环节紧密关联。PvP 机制的核心在于：只有当另一种货币（或多种货币）完成最终支付时，第一种货币的最终支付才会发生，从而确保交易双方的权利义务同时实现。鉴于外汇交易规模庞大，非 PvP 结算方式可能引发的风险不容小觑，甚至可能给整个国际金融体系带来巨大的系统性风险。[3]

7.2 赫斯塔特风险和持续连接结算的起源

与外汇交易结算失败相关的风险通常被称为赫斯塔特风险。它得名于一家成立于 1956 年的德国银行——赫斯塔特银行，1974 年 6 月

1. Schaller, A.（2007）. *Continuous linked settlement: History and implications*（Doctoral dissertation, University of Zurich）.

2. Baba, N., Packer, F., & Nagano, T.（2008）. The spillover of money market turbulence to FX swap and cross-currency swap markets. *BIS Quarterly Review*, March.

3. Kos, D., & Levich, R. M.（2016）. *Settlement risk in the global FX market: How much remains?* Available at SSRN 2827530.

26 日，由于该行未能结算几笔外汇互换交易，导致其破产。[1] 随着德国监管机构在欧洲中部时间 15 点 30 分撤销其经营资格，赫斯塔特银行的纽约代理行（大通曼哈顿银行）立即暂停了赫斯塔特未支付的所有美元付款。导致其交易对手方支付了德国马克，却没有收到兑换的美元，进而遭受重大损失。[2]

赫斯塔特风险不仅与结算失败有关，也可能涉及交易对手不愿结算。例如，在 1990 年德崇证券破产期间，其伦敦子公司德崇证券交易公司（DBLT）在外汇互换市场曾面临类似状况。一方面，尽管 DBLT 有基本的偿付能力，但交易对手仍然出于对其违约风险的担忧，不太愿意履行对 DBLT 的义务；另一方面，DBLT 也开始怠于结算互换交易。[3]

在赫斯塔特银行破产的阴影下，外加几次其他外汇交易结算失败的事件的影响，[4] 十国集团（G10）的中央银行委托进行了几项结算风险管理研究（如 1990 的兰法鲁西报告和 1993 年的诺埃尔报告）。[5] 1996 年的阿尔索普报告指出，外汇交易结算面临着风险低估和管理不善的问题，有鉴于此，该报告建议采取以下三项措施：（1）各银行完善结算风险计量和管理举措；（2）由行业团体和服务提

1. DeRosa, D. F.（2013）. *Foreign exchange operations: Master trading agreements, settlement, and collateral*. Wiley.

2. BdF（2018）. *Payments and market infrastructure in the digital age*. BdF Publication; Swiss National Bank（2009）. *The Continuous Linked Settlement foreign exchange settlement system（CLS）*. Basle.

3. Kahn, C. M., & Roberds, W.（2001）. *The CLS bank: A solution to the risks of international payments settlement?* Federal Reserve Bank of Atlanta Working Paper No. 2000-15a.

4. DeRosa, D. F.（2013）. *Foreign exchange operations: Master trading agreements, settlement, and collateral*. Wiley.

5. BdF（2018）. *Payments and market infrastructure in the digital age*. BdF Publication.

供商采取措施，设计并实施方案降低多币种服务的风险；（3）各中央银行通过改进自身实时全额结算系统的服务改善上述问题。虽然已经存在减少风险敞口和结算风险的净额机制，但在净额结算过程之后仍然存在剩余风险敞口。因此，提议采用 PvP 的补救措施，同时结算外汇交易的各个环节。这进一步导致了持续连接结算的诞生。[1]

持续连接结算系统的实际运作具有一定复杂性，通过该系统在 PvP 基础上完成外汇交易结算需要一定时间。该系统总部设在纽约，由持续连接结算银行负责运营。作为结算代理机构，该银行指导结算会员完成多种外汇交易。[2] 从法律层面来看，虽然持续连接结算银行接受美联储及其他几家中央银行的共同监管，但其所有权实际上归属于一家控股公司，而该控股公司的股东则由 75 家金融机构组成。[3]

虽然法律并未强制要求交易对手方必须通过持续连接结算银行进行外汇交易结算，但实践证明这一机制运行良好。[4] 根据 CLS 集团的数据，持续连接结算银行的直接结算会员已超过 70 家机构，同时还有约 25000 家银行通过中介机构间接使用该结算系统。目前，该系统日均处理的外汇交易额超过 6 万亿美元，支持 18 种货币的结算业务。[5]

---

1. CPSS（1996）. Settlement risk in foreign exchange transactions. Report prepared by the *Committee on Payment and Settlement Systems of the Central Banks of the Group of Ten Countries*, Bank of International Settlements, Basle.

2. BdF（2018）. *Payments and market infrastructure in the digital age*. BdF Publication.

3. CPSS（2008）. *Progress in reducing foreign exchange settlement risk*. Bank of International Settlements; ECB.（2010）. *The payment system, payments, securities and derivatives, and the role of the Eurosystem*.

4. Kahn, C., Quinn, S., & Roberds, W.（2014）. Central banks and payment systems: The evolving trade-off between cost and risk. In *Norges Bank conference on the uses of central banks: Lessons from history*.

5. Continuous Linked Settlement Bank International（CLS Group）（2021）. *CLS in numbers*. Available at: https://www.cls-group.com/.

7.3 持续连接结算的运营框架

持续连接结算系统的具体运作机制如下：直接结算会员在持续连接结算银行开设多币种账户，这些账户又细分为多个子账户，每个子账户对应一种可通过该系统结算的货币。与此同时，持续连接结算银行也会在各货币发行国的中央银行开设相应的账户。[1]

在一个典型的交易日中，直接结算会员在交易日开始时启动结算周期，此时它们在持续连接结算银行的所有账户余额都为零。因此，当结算周期结束时，持续连接结算银行不会持有任何结算成员或中央银行的资产或负债。[2] 结算成员通过一个称为"注资"（funding）的过程，利用各自在中央银行的账户将资金转入持续连接结算银行的账户；相反，也可以通过"撤资"（defunding）来减少在持续连接结算银行的资金。注资和撤资操作确保了直接结算成员在结算前拥有足够的资金储备。值得注意的是，由于持续连接结算银行会计算每个成员的各种货币净头寸，实际所需的资金总额将大幅减少。[3]

换言之，尽管成员会基于交易总额向持续连接结算银行发送付款指示，但由于实际达成外汇交易而产生的交易后债权债务是集中清算

1. CPSS（2008）. *Progress in reducing foreign exchange settlement risk*. Bank of International Settlements; BdF（2018）. *Payments and market infrastructure in the digital age*. BdF Publication.

2. Miller, P., & Northcott, C. A.（2002）. CLS Bank: Managing foreign exchange settlement risk. *Bank of Canada Review*, 2002（Autumn）, 13—25.

3. ECB（2010）. *The payment system, payments, securities and derivatives, and the role of the Eurosystem*.

的，并且会在多边基础上进行净额结算。持续连接结算银行则通过集中清算和多边结算，为每个直接结算成员计算每种货币的单一净头寸。例如，如果持续连接结算银行计算出成员的货币净头寸为负，则会要求该成员（根据预定的时限）付款，从而产生对于持续连接结算银行的债务。相反，如果持续连接结算银行计算出会员的货币净头寸为正，则会产生该成员对于持续连接结算银行的债务，并由持续连接结算银行对该成员付款。[1]

持续连接结算采用严格的风险管理方案，包括三种主要风险控制措施。首先，由于持续连接结算银行不能向结算成员提供信用额度，因此尽管参与者的个别货币子账户在不同阶段会产生正或负余额，但其所有货币子账户上的总体余额必须始终为正。[2] 为了保护自身免受汇率波动影响，持续连接结算银行以基础货币（通常是美元）计算货币账户余额，并对余额进行估值减记，从而在汇率突然波动的情况下自我保护。[3] 必须强调的是，减记会增加"空头"头寸（即使得会员需要支付的金额上升），同时减少了"多头"头寸（即使得持续连接结算银行需要支付的金额下降）。其次，持续连接结算银行为结算成员在一个单独的货币子账户中可能产生的负头寸设定了一个限额，也称为空头头寸限制（Short Position Limit, SPL），在特定货币的每次结算中，这一限额都是相同的。[4] 最后，持续连接结算银行还对参与

1. BdF（2018）. *Payments and market infrastructure in the digital age.*

2. ECB（2010）. *The payment system, payments, securities and derivatives, and the role of the Eurosystem.*

3. Miller, P., & Northcott, C. A.（2002）. CLS Bank: Managing foreign exchange settlement risk. *Bank of Canada Review*, 2002（Autumn）, 13—25.

4. Miller, P., & Northcott, C. A.（2002）. CLS Bank: Managing foreign exchange settlement risk. *Bank of Canada Review*, 2002（Autumn）, 13—25; BdF（2018）. *Payments and market infrastructure in the digital age.*

者可以累计的负头寸设定了限额，称为总空头头寸限制（Aggregate Short Position Limit, ASPL）。而对于被认定为风险较高的结算成员而言，其在资金账户负余额的程度上会受到更严格的限制。因此，只有在各方都能够遵守持续连接结算所有风险管理协议的前提下，才能进行交易结算。一旦满足所有风险控制条件，那么就会在 PvP 的基础上发生结算。

如果直接结算成员在付款截止时点未能履行支付义务，为确保其他结算成员收到付款，持续连接结算对此情形设置了几类不同的补救措施。第一步通常是暂停向该成员进行的任何资金支付交易，直至其自身付款义务得到履行。接下来，持续连接结算银行会向该成员发送一项付款通知，要求成员为其账户注资。如果成员没有回应，则持续连接结算银行将基于预先的协议安排而联系其他金融机构，以获取完成外汇交易所需的流动性。如果上述措施仍然未能解决问题，则持续连接结算银行可以将剩余的未付金额结转到下一个工作日。[1]

7.4 外汇交易：持续连接结算之外的非 PvP 结算

在本节中，我们会通过具体案例假设某种外汇交易情境，对非 PvP 外汇结算进行说明。随后的下一节中，我们仍将通过具体案例，对通过持续连接结算银行进行的 PvP 结算进行说明。

在本例中，我们选取了一对无法通过持续连接结算银行结算的货

---

1. Miller, P., & Northcott, C. A.（2002）. CLS Bank: Managing foreign exchange settlement risk. *Bank of Canada Review*, 2002（Autumn）, 13—25; BdF（2018）. *Payments and market infrastructure in the digital age*.

币外汇交易，即美元—土耳其里拉（因为里拉不在持续连接结算范围内）。我们假设丹尼斯银行（Denizbank，位于伊斯坦布尔，在美国没有分支机构或子公司）使用美国花旗银行作为其代理行代表其客户进行美元支付。

• T = 0 日：假设一家在丹尼斯银行有存款账户的土耳其工业公司需要从美国进口一台昂贵的机器。该公司事先通知丹尼斯银行，在 T + 4 日，它需要向一家美国供应商在太平洋西部银行（一家美国中型银行）的账户付款，付款金额为"a"，以美元计价。

• T = 0 日：丹尼斯银行需要提前购买美元，补充其在花旗银行代理行账户上的美元头寸。由于丹尼斯银行希望能够在市场上得到尽可能优惠的汇率价格，因此它到一个交易平台使用金额为"βb"的土耳其里拉（β 是购买 1 美元所需的土耳其里拉数量），购买了金额为"b"的美元（其中 b > a），在 T + 2 日结算，交易对手为德意志银行。根据结算指示，在 T + 2 日，美元会通过转账指令的形式，由德意志银行纽约分行向花旗银行支付结算，并以丹尼斯银行为受益人。德意志银行纽约分行约定，与美元交易对应的里拉交易应由丹尼斯银行与德意志银行伊斯坦布尔分行进行结算（即假设德意志银行在伊斯坦布尔设立了一家分行，因此不需要单独的代理行）。可以看出，外汇交易意味着在结算之前，丹尼斯银行对德意志银行纽约分行有一笔美元债权，而德意志银行纽约分行则对丹尼斯银行有一笔里拉债权——两笔债权在金融账户中分别以 b1（当以美元计价时）和 βb1（当以土耳其里拉计价时）表示。

• T + 2 日：b 和 βb 的结算发生，在账户中显示为流程 b2 和 b3，该笔交易具体状况如下。当日的某个时点（由于时区差异，可能比美国早几个小时），丹尼斯银行通过土耳其实时全额结算系统将 βb2 金额的资金转移到德意志银行土耳其分行（b2）。几个小时后，德意志银行纽约分行通过 Fedwire 系统将美元资金付给花旗银行（b3）。花旗银行收到并处理付款指令后，在 T + 2 日通知丹尼斯银行，来自德意志银行纽约的资金已经到达，并且这笔资金是向丹尼斯银行的 Vostro 账户支付的。从丹尼斯银行的角度来看，当日发生的事情实际上是，它对于德意志银行的一笔债权（要求德意志银行履行美元付款义务）变成了它在花旗银行 Vostro 账户上的头寸——从某种意义上讲，这也是一笔债权。不过，出于以下两个原因，该交易可以被视为"清算"。首先，丹尼斯银行在众多选项中选择花旗银行作为代理行，可能是因为花旗银行的高评级和良好声誉，也可能是因为它"太大而不能倒"的地位。此外，德意志银行的信用评级可能也很好，但它作为外汇交易对手可能并非因为评级良好，而是因为它的外汇汇率报价更有吸引力，而往往报价更好的银行信用评级可能会更低。其次，丹尼斯银行使用其在花旗银行的代理账户进行大量的收付款交易，并利用该账户进行美元流动性的集中管理。到目前为止，与德意志银行外汇交易结算产生的资金流入并没有结构性地增加其风险敞口，而是呈现出风险中性的状态，这是因为交易的目的是与丹尼斯银行出于各种原因预测的资金流出相匹配（包括需要按照其土耳其客户的要求向美国出口商付款）。

　　• T + 3 日：丹尼斯银行指示花旗银行将"a"美元支付给太平洋西部银行，这笔资金将在 T + 4 日借记到出口商在该银行的存款账户。最后一项操作不再是外汇结算的一部分，仅仅是使用通过外汇交易获得的资金进行的本国支付（表 7.1）。

表 7.1　未经持续连接结算银行进行的外汇现货交易

土耳其—土耳其里拉账户			
丹尼斯银行			
在土耳其央行的存款	$X - \beta b2$	进口商存款	$X - \beta a$
花旗银行美元 Nostro 账户	$X + \beta b3 - \beta a$	对德意志银行纽约分行的负债	$+ \beta b1 - \beta b2$
对德意志银行纽约分行的美元债权	$+ \beta b1 - \beta b3$	权益	X
德意志银行土耳其分行			
在土耳其央行的存款	$X + \beta b2$	德意志集团内部债务	$X + \beta b2$
		权益	X
土耳其央行			
其他资产	X	德意志银行存款	$X + \beta b2$
		丹尼斯银行存款	$X - \beta b2$
		权益	X
美国—美元账户			
花旗银行			
在美联储的存款	$X + b3 - a$	丹尼斯银行 Vostro 账户	$X + b3 - a$
		权益	X
德意志银行纽约分行			
在美联储的存款	$X - b3$	对丹尼斯银行的债务	$+ b1 - b3$
对丹尼斯银行的里拉债权	$X + b1 - b3$	权益	X
德意志集团内部债权	$X + b3$		

（续表）

美国—美元账户			
太平洋西部银行			
在美联储的存款	X + a	出口商的存款	X + a
		权益	X
美联储			
其他资产	X	花旗银行存款	X + b3 − a
		德意志银行纽约分行存款	X − b3
		太平洋西部银行存款	X + a
		权益	X

由于本例中，外汇现货交易的结算没有通过专门的第三方结算代理进行，因此通过净额结算的方式能够减少的交易后债权和债务范围有限。此外，没有机制可以确保在完成一个环节的前提下能够完成另一环节，反之亦然。[1]换言之，由于现货交易是在非 PvP 基础上进行的，因此两家银行都将面临结算风险。此外，一家银行的破产可能会导致多米诺骨牌效应，对作为交易对手的其他银行产生影响，因此会增加发生系统性风险的可能性。[2]

1. Lindley, R.（2008）. Reducing foreign exchange settlement risk. *BIS Quarterly Review*, September.

2. DeRosa, D. F.（2013）. *Foreign exchange operations: Master trading agreements, settlement, and collateral*. Wiley.

7.5 外汇交易：通过持续连接结算进行的 PvP 结算

为了更好地展示 PvP 外汇结算交易，我们保持上例中的情形不变，但将土耳其里拉替换为墨西哥比索，由于在持续连接结算系统中包括比索，因此美元—墨西哥比索的外汇交易能够通过持续连接结算进行。参考以下步骤：

• T = 0 日：阿兹特克银行（Banco Azteca，即进口商的银行）和德意志银行纽约分行以 "b"（其中 b > a）的金额进行外汇现货交易。阿兹特克银行相对较小，不是持续连接结算的成员。而德意志银行和花旗银行都是持续连接结算的成员（见持续连接结算银行网站所示 "截至 2020 年 12 月 7 日持续连接结算银行国际成员名单"）。此外，德意志银行在墨西哥（德意志银行墨西哥分行）和纽约都有子公司，而花旗银行（阿兹特克银行的美元代理行及其美元—比索的外汇结算代理行）也在墨西哥和纽约都有子公司（花旗银行在墨西哥以 Citibanamex S.A. 的名称运营，以下称为花旗银行墨西哥分行）。

• T = 0 日：结算指令和相关的一般合同协议规定，外汇现货交易将在 T + 2 日通过持续连接结算银行结算，在 T + 1 日，阿兹特克银行经墨西哥实时全额结算系统，通过中央银行货币将资金转移到花旗银行墨西哥分行（假设它也使用花旗银行进行墨西哥比索交易）。此外，花旗银行纽约分行作为阿兹特克银行的美国代理行，会在外汇交易的两个环节通过持续连接结算银行进行结算后，在 T + 2 日贷记阿兹特克银行的账户。在开始交易后，阿兹特克银行对德意志银行纽约分行有一个类似于借条的美元债权，在账户中表示为 "βb1"。同样，德意志银行对阿兹特克银行也有类似于借条的比索债权，在账户中表示为"b1"。

•T=1日：阿兹特克银行通过墨西哥实时全额结算系统将中央银行货币转移到花旗银行墨西哥分行，前者现在对后者拥有类似借条的债权（b2）。

•T=2日：由于墨西哥城和纽约的时区在很大程度上相似，美联储和墨西哥央行操作的两个实时全额结算系统的营业时间是重叠的，因此资金在T+2日转移到持续连接结算银行账户的时间也相差不大（持续连接结算精准规定了其收款的最后期限）。因此，德意志银行纽约分行将美元从其在美联储的实时全额结算账户转入持续连接结算银行在美联储的账户，花旗银行墨西哥分行则将墨西哥比索转入持续连接结算银行在墨西哥央行的账户（b3）。请注意，与b2和b3相关的步骤也可以合并进行，即便阿兹特克银行本身不是结算成员，它也可以直接将比索从其实时全额结算账户转移到持续连接结算银行的实时全额结算账户，此时资金支付是为了花旗银行墨西哥分行的利益，实时全额结算转账指令必须包含必要的信息，以便持续连接结算银行可以将收到的比索资金分配给正确的结算成员——花旗银行。我们在账户中没有具体表示这些问题。此外，这里我们假设实际上德意志银行和花旗银行对持续连接结算银行的净头寸为负，但同时在所有其他支付指令被清算和抵消后，净头寸为正。

•T=2日：在这一时点，持续连接结算银行确认两家结算成员都以两种货币支付了相应金额。它现在可以在PvP的基础上互换货币，同时借记德意志银行纽约分行的美元，贷记花旗银行纽约分行的美元；并且同时借记花旗银行墨西哥分行的比索，贷记德意志银行墨西哥分行的比索。这也将导致德意志银行集团和花旗银行产生集团内部的债权和债务（b4）。

•　T = 2 日：持续连接结算银行随后通过各自的本地实时全额结算系统将中央银行资金转回结算成员银行，使自己在两家中央银行的账户归零。也就是说，持续连接结算银行将美元转账给花旗银行纽约分行，墨西哥比索转账给德意志银行墨西哥分行（b5）。持续连接结算银行在各国中央银行的存款现已降至零。阿兹特克银行和德意志银行纽约分行之间最初的债权和债务现在消失了，外汇现货交易也已结算，随着花旗银行纽约分行贷记阿兹特克银行的 Vostro 账户，阿兹特克银行对花旗银行墨西哥的债权也已消灭（以及花旗银行纽约分行对花旗银行墨西哥分行的集团内部债权债务）（b6）。

•　T = 3 日：阿兹特克银行指示花旗银行纽约分行将美元转给美国出口商在太平洋西部银行的账户（这一步和下一步都在外汇交易及结算之外）。

•　T = 4 日：出口商的存款账户贷记金额为"a"（表 7.2）。

表 7.2　通过持续连接结算银行进行的外汇现货交易

墨西哥—墨西哥比索账户			
阿兹特克银行			
在墨西哥央行的存款	$X - \beta b2$	进口商存款	$X - \beta a$
花旗银行美元 Nostro 账户	$X + \beta b6 - \beta a$	对德意志银行纽约分行负债	$+ \beta b1 - \beta b6$
德意志银行纽约分行美元债权	$+ \beta b1 - \beta b6$	权益	X
花旗银行墨西哥分行债权	$+ \beta b2 - \beta b6$		
花旗银行墨西哥分行			
在墨西哥央行的存款	$X + \beta b2 - \beta b3$	对阿兹特克银行负债	$+ \beta b2 - \beta b6$

（续表）

墨西哥—墨西哥比索账户			
花旗银行墨西哥分行			
在持续连接结算银行的账户	$+\beta b3 - \beta b4$	权益	X
花旗集团内部债权	$+\beta b4 - \beta b6$		
德意志银行墨西哥分行			
在墨西哥央行的存款	$X + \beta b5$	德意志集团内部债务	$+\beta b4$
在持续连接结算银行的账户	$+\beta b4 - \beta b5$	权益	X
持续连接结算银行墨西哥			
在墨西哥央行的存款	$+\beta b3 - \beta b5$	花旗银行墨西哥账户	$+\beta b3 - \beta b4$
		德意志银行墨西哥账户	$+\beta b4 - \beta b5$
墨西哥央行			
其他资产	X	阿兹特克银行存款	$X - \beta b2$
		德意志银行墨西哥存款	$X + \beta b5$
		花旗银行墨西哥存款	$X + \beta b2 - \beta b3$
		持续连接结算银行存款	$+\beta b3 - \beta b5$
		权益	X
美国—美元账户			
花旗银行			
在美联储的存款	$X + b5 - a$	阿兹特克银行 Vostro 账户	$X + b6 - a$

（续表）

美国—美元账户			
花旗银行			
花旗集团内部债权		花旗集团内部债务	+ b4 − b6
持续连接结算银行账户	+ b4 − b5	权益	X
德意志银行纽约分行			
在美联储的存款	X − b3	对阿兹特克银行债务	+ b1 − b6
对阿兹特克银行的比索债权	+ b1 − b6	权益	X
持续连接结算银行账户	+ b3 − b4		
德意志集团内部债权	+ b4		
太平洋西部银行			
在美联储的存款	X + a	出口商的存款	X + a
		权益	X
持续连接结算银行美国			
在美联储的存款	+ b3 − b5	德意志银行纽约账户	+ b3 − b4
		花旗银行纽约账户	+ b4 − b5
美联储			
其他资产	X	花旗银行存款	X + b5 − a
		德意志银行纽约分行存款	X − b3
		太平洋西部银行存款	X + a
		持续连接结算银行存款	+ b3 − b5
		权益	X

通过持续连接结算银行完成外汇现货交易时，永远不会出现一个环节结算而另一个环节未结算的情况。因此，参与者永远不会面临任何结算风险。[1] 然而，尽管持续连接结算银行大幅降低了流动性风险，

105 但仍然没有完全消除流动性风险（主要出于不消耗过多流动性的实用主义考量，是根据现实理性选择的结果，而不是出于概念结构原因）。例如，由于最终付款是在多边净额基础上计算的，一个成员未能付款可能会导致其他交易结算的延迟，进而导致需要在短时间内重新计算付款金额。此时，可能导致原本收款的成员不得不变成付款。

如果我们简化交易，可以将上述资金流动以净额显示（我们在下面的账户中忽略持续连接结算银行，因为持续连接结算银行只有一个"临时"资产负债表）。我们包括两个流动：第一个是"b"——等于外汇现货交易——和"a"，等于进口商为从美国购买机器而支付的款项（其中 b > a）（表 7.3）。

106 **表 7.3　通过持续连接结算银行进行的外汇现货交易——净额**

墨西哥—墨西哥比索账户			
阿兹特克银行			
在墨西哥央行的存款	X − βb	进口商存款	X − βa
花旗银行的美元 Nostro 账户	X + βb − βa	权益	X
德意志银行墨西哥分行			
在墨西哥央行的存款	X + βb	德意志集团内部债务	+ βb
		权益	X

---

1. Kahn, C., Quinn, S., & Roberds, W.（2014）. Central banks and payment systems: The evolving trade-off between cost and risk. In *Norges Bank conference on the uses of central banks: Lessons from history*.

（续表）

墨西哥—墨西哥比索账户			
墨西哥央行			
其他资产	X	阿兹特克银行存款	X − βb
		德意志银行墨西哥存款	X + βb
		花旗银行墨西哥存款	X
		权益	X
美国—美元账户			
花旗银行			
在美联储的存款	X + b − a	阿兹特克银行 Vostro 账户	X + b − a
		花旗集团内部债务	
		权益	X
德意志银行纽约分行			
在美联储的存款	X − b	权益	X
德意志集团内部债权	+b		
太平洋西部银行			
在美联储的存款	X + a	出口商的存款	X + a
		权益	X
美联储			
其他资产	X	花旗银行存款	X + b − a
		德意志银行纽约分行存款	X − b
		太平洋西部银行存款	X + a
		权益	X

尽管持续连接结算系统已被广泛应用，但外汇市场的结算风险仍

未完全消除。事实上，近年来非 PvP 结算的交易量不降反升，这主要是不符合持续连接结算条件的货币交易量持续增长所致。[1] 虽然新推出的 CLSnet 系统能够支持约 120 种货币的双边外汇交易结算，[2] 并在一定程度上降低了非 DvP 货币的结算风险，但问题仍未得到根本解决。

1. Schrimpf, A., & Sushko, V.（2019）. FX trade execution: complex and highly fragmented. *BIS Quarterly Review*, December.
2. Continuous Linked Settlement Bank International（CLS Group）（2022）. *CLSnet*. Available at: https://www.cls-group.com/products/processing/clsnet/#:～:text＝CLSNet%20is%20 a%20 standardized%2C%20automated,trade%20matching%20and%20netting%20processes.

8 中央证券存管机构

8.1 概 述

中央证券存管机构作为重要的金融市场基础设施，主要承担着证券账户管理和集中托管两大核心职能，防止证券因意外事故或欺诈行为而被非法创设或销毁。通常情况下，中央证券存管机构还兼具证券结算系统的功能。[1] 中央证券存管机构通过提供清算、结算等专业服务，全面管理证券转让协议达成后的各项交易后流程。近年来，随着国内及跨国证券市场交易规模持续扩大，中央证券存管机构作为关键金融基础设施的重要性愈发凸显。[2]

设立中央证券存管机构的重要初衷在于，当证券所有权发生转移时，相应凭证能够实现非移动化。由于技术的进步，证券实现了无纸化，并且开始仅仅以电子形式保存在中央证券存管机构。[3] 这种非移动化和无纸化的变革显著提升了市场效率，因而获得了市场参与者

---

1. CPSS-IOSCO（2012）. *Principles for financial market infrastructures.* Bank of International Settlements; Bech, M. L., Hancock, J., & Zhang, W.（2020c）. Fast retail payment systems. *BIS Quarterly Review*, March.

2. Van Cayseele, P., & Wuyts, C.（2007）. Cost efficiency in the European securities settlement and depository industry. *Journal of Banking and Finance*, 31（10）, 3058—3079.

3. Bech, M. L., Hancock, J., & Wadsworth, A.（2020b）. Central securities depositories and securities settlement systems. *BIS Quarterly Review*, March 2020.

的普遍认可。[1] 最早的证券非移动化案例发生在 19 世纪的柏林票据交易所（Kassenverein）。[2] 法国于 1942 年成为第二个实现证券非移动化的国家，随后在 20 世纪 60 年代，欧洲相继设立的大多数中央证券存管机构都普遍采用了证券非移动化模式。相较之下，美国在 20 世纪 60 年代遭遇的"文档危机"（paper-work crisis）直接推动了中央证券存管机构的快速发展，最终于 1973 年成立了存托信托公司（Depository Trust Company）。[3] 虽然国内证券结算原则上可以通过单一中央证券存管机构的账户完成，但跨境证券交易往往需要通过一家或多家中介机构进行，主要包括大型托管银行和国际中央证券存管机构（International CSDs, ICSDs）。[4]

110　8.2　中央证券存管机构的核心活动

中央证券存管机构主要为金融中介机构开立并管理证券账户，而

---

1. Chan, D., Fontan, F., Rosati, S., & Russo, D.（2007）. *The securities custody industry*. ECB Occasional Paper No. 68.

2. Mueller, W. M.（1910）. The organization of credit and banking in arrangements in Germany（pp. 117—169）. In *National Monetary Commission, Miscellaneous Articles on German Banking, 61st Congress, 2nd Session*. Government Printing Office; Moles, P., & Terry, N.（1997）. *The handbook of international financial terms*. Oxford University Press.

3. Chan, D., Fontan, F., Rosati, S., & Russo, D.（2007）. *The securities custody industry*. ECB Occasional Paper No. 68.

4. CPSS（1995）. Cross-border securities settlement. Report prepared by the *Committee on Payment and Settlement Systems of the Central Banks of the Group of Ten Countries*, Bank of International Settlements; Comotto, R.（2011）. *The interconnectivity of central bank and commercial bank money in the clearing and settlement of the European repo market*. Compiled for the European Repo Council.

这些金融中介机构则代表其客户（如投资者）持有证券，这种多层次的结构被称为间接持有模式。在某些特殊情况下，中介机构可能并未直接在中央证券存管机构开立账户，而是通过具有账户资格的托管银行提供相关服务。这种安排的核心特征是：中央证券存管机构与最终投资者之间可能存在多重隔离，且所有权链条的层级在理论上可以无限延伸。例如，假设投资者甲在银行 1 开立了证券账户，而银行 1 又在银行 2 开立账户，银行 2 则进一步在银行 3 开立账户。在这个链条中，只有银行 3 直接在中央证券存管机构拥有证券账户。这个例子清晰地展示了间接持有模式的特点：在中央证券存管机构和最终投资者之间可能存在多级中介机构。与此相对的是直接持有模式，在这种模式下，投资者可以直接在中央证券存管机构开立并持有证券账户，即由中央证券存管机构直接为最终投资者管理账户。[1]

无论中央证券存管机构采用间接还是直接持有模式，都会通过与证券发行人对接，对新发行证券进行初步核实和登记，提供专业的登记服务。在此过程中，每种证券都会被分配唯一的 ISIN 编码。中央证券存管机构在确保证券顺利结算方面发挥着关键作用，交易双方达成协议后，将启动交易确认流程，核实证券的价格、数量和身份信息。随着直通式处理在国内交易中的广泛应用，确认流程已大幅简化。然而，部分跨境证券交易仍可能采用传统的人工确认方式。[2] 确认流程还包括确定最终结算日期。自 20 世纪 80 年代末三十人小组（G30）建议将结算周期缩短至 T + 3 日后，许多经济体（如欧盟成员国）已将结算时间进一步压缩至 T + 2 日。值得注意的是，美国计划

---

1. Bech, M. L., Hancock, J., Rice, T., & Wadsworth, A. (2020d). On the future of securities settlement. *BIS Quarterly Review*, March.

2. BdF (2018). *Payments and market infrastructure in the digital age*. BdF Publication.

在 2024 年将结算周期缩短至 T + 1 日。[1][*]

经中介机构与中央证券存管机构确定上述确认流程完成后，就会开始交易的匹配（matching）。通过比较"匹配标准"实现（例如，证券的类型、证券账户和现金账户、结算日期）。一旦匹配完成，指令就不可撤销。[2]

按证券结算中的资金和证券流的情况及其性质，可分为下列几种类型：

• 券款对付（Delivery versus Payment, DvP）：一种确保在付款的前提下发生证券交付的证券结算类型。这也是保障交易对手信用风险最小化的关键。支付结算体系委员会曾提出 DvP 体系的三种模型，[3] 其中第一种被认为是最标准且最真实的 DvP 形式，DvP 模型 1：逐一同时对证券和资金以总额进行结算；DvP 模型 2：证券转让以总额结算，而资金则在当日结束时以净额结算；DvP 模型 3：证券与资金同时以净额结算。

• 券券对付（Delivery versus Delivery, DvD）：一种确保在另一证券已经转让的前提下发生证券交付的证券结算类型。

• 纯券过户（Free of Payment, FoP）：与相应的付款环节没有关联的证券结算，例如与向中央对手方缴纳担保品（保证金）有关的证券结算。

国内证券结算中的现金环节既可以通过商业银行货币完成，也可

---

[*] 译者注：从 2024 年 5 月 28 日开始，美股交易结算周期已缩短至 T + 1 日。

1. Thomadakis, A.（2022）. *Shortening the settlement cycle: Why Europe should not wait too long to introduce T + 1*. European Capital Markets Institute Commentary No. 77.

2. BdF（2018）. *Payments and market infrastructure in the digital age*. BdF Publication.

3. CPSS（1992）. *Delivery versus payment in securities settlement systems*. Bank of International Settlements, Basle.

以通过中央银行货币实现。在采用商业银行货币的模式下，金融中介机构（如银行）在其他银行（如托管行）开立现金账户，而这些银行则直接在中央证券存管机构持有现金账户。另一种方式是金融中介机构直接与中央证券存管机构建立连接。至于通过中央银行货币结算的模式，欧洲央行曾总结过两种主要形式：[1]

• 在链接模式（interfaced model）中，代表其投资者客户的金融中介直接在中央银行持有现金账户，并将其用于证券交易。这意味着实时全额结算系统中的资金账户和用于结算证券交易资金环节的资金账户之间没有脱节。证券账户在中央证券存管机构中持有，如果中央证券存管机构由中央银行控制，那么这些证券账户仅仅是中央银行的"子"账户。在链接模式下，中央证券存管机构（证券交付环节）和金融中介机构（资金支付环节）可以在中央银行的账户上进行交互。

• 在集成模式（integrated model）中，中央银行基本上将所有交易处理活动外包给中央证券存管机构，后者则根据中央银行的协议运作。在该方案下，金融中介机构的资金账户及证券账户结算均在中央证券存管机构进行，前者在其资产端，后者在负债端。另外，证券结算使用的资金账户和实时全额结算系统中的资金账户也是分开的。虽然从法律的角度来看，金融中介机构在中央证券存管机构持有的存款是对中央银行的债权，但实际上，从最终用户的角度来看，集成模式和链接模式之间并没有实质性区别。

无论中介机构采用商业银行货币还是中央银行货币进行结算，大多数中央证券存管机构都提供日间信用服务（需提供足额担保品）作

---

1. ECB（2004）. *The use of central bank money for settling securities transactions*. Frankfurt am Main, May 2004.

为流动性管理工具，以促进证券结算的顺利进行。这一服务要求中央证券存管机构必须持有银行牌照。此外，部分中央证券存管机构还推出了自动担保服务，当付款人资金账户余额不足时，该服务能够有效提升流动性管理效率。顾名思义，这种自动服务可通过两种方式实现：一是通过购买相同证券提供信用（称为"流动自动担保"），二是利用在中央证券存管机构已持有的证券库存（称为"库存自动担保"）。[1]

8.3　中央证券存管机构和国际中央证券存管机构的背景

大量证券交易集中在少数几家中央证券存管机构进行。例如，根据欧洲中央证券存管协会的数据库，截至 2022 年，按结算指令（DvP 和 FoP）的价值计算，欧洲最大的中央证券存管机构是欧洲结算（欧洲结算银行占 40.9%；欧洲结算英国和爱尔兰占 22.1%；欧洲结算法国占 8.2%）和明讯银行（Clearstream）（明讯银行卢森堡占 16.7%；明讯银行德国占 5.9%）。因此，欧洲结算和明讯银行合计约占所处理结算指令总价值的 94%。

就国内证券交易而言，结算安排可以相当简单。例如，某类证券的买方和卖方可能在同一家银行持有存款和证券账户，而该银行又在中央证券存管机构设有存款和证券账户。此时，可以用商业银行货币或中央银行货币进行结算。另外，跨境证券结算通常需要更多的金融中介机构，即国际中央证券存管机构和全球托管行。

---

1. ECB（2022c）. *TARGET2-securities annual report 2021*. Frankfurt am Main, May 2022.

跨境证券结算服务基本上都是通过商业银行货币进行。[1] 如果不通过托管行和国际中央证券存管机构提供的跨境证券结算服务，金融机构将被迫在其参与交易的每个国家（或货币区）开设分支机构或子公司，这是不现实的。如果中央银行提供多币种安排，它就可以扮演准全球结算代理人的角色，这可能会对公共和私人参与者之间的市场竞争产生不利影响。[2]

国际中央证券存管机构最早出现在 20 世纪 60 年代末和 70 年代初左右，主要用于结算欧洲债券，部分原因是为了应对国内债券市场运营和监管效率低下的问题。[3] 欧洲债券是以不同于发行国发行的货币来计价的金融工具（例如一家德国公司以美元发行债券）。第一笔欧洲债券于 1958 年由比利时政府在伦敦发行，以美元计价。随着时间的推移，欧洲债券市场呈蓬勃发展之势，部分原因是美国政府为规避特里芬困境所施加的限制而采取的措施。[4] 由于绝大多数欧洲债券是在欧洲发行和出售的，但以美元计价，它们在物理意义上存放在纽约。然而，到 20 世纪 60 年代末，一级和二级市场交易后的证券结算受到纸质证券交割积压的影响，导致大量结算失败发生。[5] 在此之后成立了第一批国际中央证券存管机构，它们是分别于 1968 年和 1970 年成立的欧洲结算和明讯银行。[6]

---

1. ECB（2014）. *Improvements to commercial bank money（COBM）settlement arrangements for collateral operations*. Frankfurt am Main, July 2014.

2. Comotto, R.（2011）. *The interconnectivity of central bank and commercial bank money in the clearing and settlement of the European repo market*. Compiled for the European Repo Council.

3. Dickinson, K.（2015）. *Financial markets operations management*. Wiley.

4. Emanuel, C. J.（1976）. The expanding Eurobond market. *Finance and Development*, 13（3），33; O'Malley, C.（2015）. *Bonds without borders: A history of the Eurobond market*. Wiley.

5. Dickinson, K.（2015）. *Financial markets operations management*. Wiley.

6. BdF（2018）. *Payments and market infrastructure in the digital age*. BdF Publication.

113

8.4 国内证券结算

8.4.1 商业银行货币进行的国内证券结算

我们首先介绍由两个投资者发起的国内 DvP 交易，他们各自在不同的银行有一个存款账户，根据间接持有模式（即投资者的证券由在中央证券存管机构开设账户的金融中介机构持有），以商业银行货币进行交易。假设两个投资者在某家交易所达成交易协议，交易所将指令发送给"中央证券存管机构银行"以及付款人和收款人的银行，并拟于 T + 2 日进行结算。在本例中，假设交易的证券数量为"a"，并且两家银行在中央证券存管机构都有现金和证券账户。

• 在 T + 2 日，甲开户的银行 1（证券的买方——付款方），将 a 金额的商业银行货币转给乙开户的银行 2（收款方——证券的卖方）。此时，资金支付的环节完成。

• 在成功收到资金（即 DvP）的前提下，乙开户的银行 2 向中央证券存管机构银行发送指令，随后，甲收到相应证券。证券交付的环节现在也已完成。严格意义上来说，在银行 1 在中央证券存管机构银行没有足够存款的情形下，中央证券存管机构银行可以向银行 1 提供日间信用以保证 DvP 交易完成，但本例中我们不考虑这种状况（表 8.1）。

表 8.1 通过商业银行货币进行的 DvP 结算

X 国—货币 X		
甲		
在银行 1 的存款	X − a	其他负债	X
在银行 1 的证券	X + a	权益	X

（续表）

X 国—货币 X			
银行 1			
在中央银行的存款	X	其他负债	X
在中央证券存管机构银行的存款	X − a	存款	X − a
在中央证券存管机构银行的证券	X + a	甲的证券账户	X + a
其他资产	X	权益	X
中央证券存管机构银行			
在中央银行的存款	X	其他负债	X
其他资产	X	银行 1 证券账户	X + a
		银行 2 证券账户	X − a
		银行 1 存款	X − a
		银行 2 存款	X + a
		权益	X
银行 2			
在中央银行的存款	X	其他负债	X
在中央证券存管机构银行的存款	X + a	存款	X + a
在中央证券存管机构银行的证券	X − a	乙的证券账户	X − a
其他资产	X	权益	X
乙			
在银行 2 的存款	X + a	其他负债	X
在银行 2 的证券	X − a	权益	X

DvP 就此实现，不过是通过商业银行货币进行的，此时，DvP 不发生信用风险事件的前提是中央证券存管机构银行的财务稳健和顺利运行。因此，投资者和银行需要对中央证券存管机构银行的信用质量进行监控。尽管如此，由于 DvP 机制，投资者和其他银行不需要对各自的交易对手进行监督，这是相应安排的一项显著优势。中央证券存管机构银行完成 DvP 交易的能力则反映在其相对于其他银行的信用评级上。例如，惠誉对欧洲结算（比利时）的评级为"AA＋"，对明讯银行（卢森堡）的评级为"AA"，而许多其他欧洲银行的评级则为"A"或"BBB"。然而，对于中央证券存管机构的使用者而言，商业银行货币进行的 DvP 交易需要在中央证券存管机构中有存款，即需要对单独的资金池进行注资。为提高流动资金的效率，减少客户所需提供并隔离的资金金额，中央证券存管机构通常会提供各种担保借款服务，用以结算新的 DvP 证券交易，以客户在中央证券存管机构持有的证券作为质押，此外，中央证券存管机构还提供所谓的"三方担保品管理服务"（triparty collateral management services），即作为第三方代理向客户提供服务，让客户可以方便地利用其持有的证券作为担保品，为其不同产品和工具的风险敞口提供支持（例如回购、证券借贷、中央银行信贷、担保贷款和场外交易产生的风险敞口）。三方代理在日常业务中提供的服务还包括担保品的自动选择和分配、担保品的估值和替换、担保品构成的优化（"分配周期"）以及为公司处理相关事项等。例如，欧洲结算在其 2021 年年度报告中称：

　　　　欧洲结算的"担保品高速公路"（Collateral Highway）服务能够支持金融市场对获取、运用和隔离担保品时对中立性和互操作性的效用需求。它为管理担保品制定了全面解决方案。为客户提供了横跨其资产类别的全范围风险敞口的完整图景，使客户能够从担保品优化服务中获益。除了更传统的担保品管理活动（通常指回购、证券借贷、衍生品和获得中央银行流动性）外，欧洲结算的担保品管理解决方案还包括为企业财务主管所提供的专用服务，以及专门的权益类担保品管理服务。截至 2021 年底，"担保品高速公路"的日均未偿担保贷款达到创纪录的 1.9 万亿欧元……

如果甲在银行 1 有证券账户，但银行 1 却没有在中央证券存管机构银行开设账户，那么上述账户系统会是什么样子呢？为了能够为客户提供服务，银行 1 可能会在一家大型托管行（银行 3）开设一个证券账户，而银行 3 本身在中央证券存管机构银行（以及全球大多数重要的中央证券存管机构）有账户。在下文的表格中，我们只展示了相较于表 8.1 而言，由于多出了额外的金融中介（银行 3）而发生变化的账户，我们也假设银行 1 在银行 3 有一个存款账户，用于银行 3 的证券中介服务（或者相关的现金支付可能发生在中央银行的账户当中）（表 8.2）。

表 8.2 经由大型托管行通过商业银行货币进行的 DvP 结算 *115*

X 国—货币 X			
银行 1			
在中央银行的存款	X	其他负债	X
在银行 3 的存款	X – a	存款	X – a
在银行 3 的证券	X + a	甲的证券账户	X + a
其他资产	X	权益	X

（续表）

X 国—货币 X			
银行 3（大型托管行）			
在中央银行的存款	X	其他负债	X
在中央证券存管机构银行的存款	X－a	银行 1 的存款	X＋a
在中央证券存管机构银行的证券	X＋a	银行 1 证券账户	X－a
其他资产	X	权益	X
中央证券存管机构银行			
在中央银行的存款	X	其他负债	X
其他资产	X	银行 3 证券账户	X＋a
		银行 2 证券账户	X－a
		银行 3 存款	X－a
		银行 2 存款	X＋a
		权益	X

　　尽管甲、乙和银行 2 的账户均保持不变，但上例中银行 1 的现金和证券账户现在在银行 3 持有。而更长的托管链显然也意味着与额外金融机构（在本例中是银行 3）相关的潜在风险。从理论上讲，中间层的数量当然没有限制（例如，银行 1 可以依靠银行 3，银行 3 本身可以依靠银行 4，而银行 4 则充当大型托管人的角色等）。正是出于风险的考量，大型托管行通常具有较高的信用质量。因此，大型托管行在国际证券结算中发挥重要作用（见第 8.5 节）。

8.4.2　中央银行货币进行的非 DvP 证券结算

　　在本节中，我们将会展示通过中央银行货币进行国内证券结算的情形。再次假设甲从乙处以 a 的金额购买了一些证券。由于假定结算为非 DvP 模式，因此结算方式如下：

- 在 T + 2 日，中央银行货币从银行 1（甲的银行，证券的付款人——买方）的实时全额结算账户转移到银行 2 的实时全额结算账户（a1）。

- 中央证券存管机构无需付款确认（即非 DvP），即可结算证券交易（a2）。请注意，由于结算是非 DvP 交易，严格来说，上述两个步骤之间没有先后顺序。

- 银行 2 只有在清算了证券环节后才会贷记其存款人（出售证券的乙）的存款账户。银行不希望对其客户承担信用风险，因此，上述证券结算是在所有环节之间同时进行的假设意味着，乙在银行 2 的账户的贷记只能在之后进行（a3）（表 8.3）。

由于资金支付和证券交付环节结算不一致，因此会导致各方债权和债务暂时性增加，相关头寸以斜体显示。尽管结算是通过中央银行货币进行的，但这些临时债务却产生了信用风险敞口。因此，在中央证券存管机构银行有较高信用评级的前提下，通过 DvP 方式以商业银行货币执行证券交易可能是一种更优的选择。

表 8.3　通过中央银行货币进行的非 DvP 结算

X 国—货币 X		
甲		
在银行 1 的存款	X – a1	其他负债	X
对银行 1 的债权	+ a1 – *a2*	权益	X
在银行 1 的证券	X + a2		
银行 1		
在中央银行的存款	X – a1	其他负债	X

（续表）

X国—货币X			
银行1			
对银行2的债权	$+a1-a2$	存款	$X-a1$
在中央证券存管机构的证券	$X+a2$	对甲的债务	$+a1-a2$
其他资产	X	甲的证券账户	$X+a2$
		权益	X
中央银行			
在中央银行的存款	X	其他负债	X
		银行1的实时全额结算账户	$X-a1$
		银行2的实时全额结算账户	$X+a1$
		现金	X
		权益	X
中央证券存管机构银行			
其他资产	X	其他负债	X
		银行1证券账户	$X+a2$
		银行2证券账户	$X-a2$
		权益	X
银行2			
在中央银行的存款	$X+a1$	其他负债	X
在中央证券存管机构银行的证券	$X-a2$	存款	$X+a3$
其他资产	X	对银行1的负债	$+a1-a2$
		对乙的负债	$+a2-a3$
		权益	X

（续表）

X 国—货币 X			
乙			
在银行 2 的存款	$X + a3$	其他负债	X
对银行 2 的债权	$+ a2 - a3$	权益	X
在银行 2 的证券	$X - a2$		

8.5 跨境证券托管：对俄制裁的案例

正如第 8.3 节所述，跨境证券结算交易在当今国际金融市场已十分普遍。这意味着最终投资者所在的中央证券存管机构与发行人所在的中央证券存管机构可能分处不同的国家或货币区。实际上，只要不存在特殊的法律限制或资产没收风险，投资组合的多元化通常能够帮助投资者优化风险收益结构。从投资理论来看，最优的证券投资组合应当实现全球范围内的多元化配置。例如，欧洲结算（最大的国际中央证券存管机构）曾解释说：

> 欧洲结算网络由 2000 家金融机构组成，它们能够通过其平台进入 50 个不同的市场，并以 50 种货币结算交易。欧洲结算代表这些金融机构持有约 37.6 万亿欧元的托管资产，每年进行超过 2.76 亿笔交易，价值相当于 1000 万亿欧元（1000000000000000），约为世界经济产出的 12.5 倍。[1]

1. Euroclear（2021）. *Annual report—Euroclear annual review 2021*. Available at: https://www.euroclear.com/investorrelations/en/annual-reports.html.

法国巴黎银行、纽约梅隆银行、花旗银行、德意志银行等全球托管行也会依托各个中央证券存管机构（包括国际中央证券存管机构），为投资者提供国际金融中介服务。例如，法国巴黎银行 2023 年对其国际托管业务的服务宣传如下：

> 我们通过全球清算和结算服务，实现客户的交易活动与交易后市场基础设施无缝对接……交易结算工作需要高效、低成本地运行，且往往被认为是行业中较为枯燥的环节，我们始终致力于为客户提供优质服务。无论客户在全球哪个市场开展业务，我们都能提供量身定制的解决方案……我们的全球托管服务网络覆盖 90 多个市场，通过整合专属本地网络和外部供应商资源，为客户打造流畅的服务体验。此外，我们的增强型托管方案充分利用数字化工具提升效率，例如为经纪商客户提供标准化的 SSI（长期结算指令）管理、更便捷的指令中断服务，以及更及时的本地市场信息推送。[1]

国际证券持有链条可能非常长，并且会包含数家托管行。七国集团在 2022 年 2 月俄乌冲突之后宣布冻结俄罗斯的外国证券资产，然而，链条持有模式使得在追踪及冻结相应证券方面存在困难。例如，欧洲理事会于 2023 年 2 月 9 日表达了对于乌克兰的支持，西方国家对俄罗斯实施了制裁，冻结包括俄罗斯中央银行在内的部分俄罗斯实体和个人的金融资产。自 2022 年 2 月 28 日起，制裁发起国冻结了

---

1. BNP Paribas（2023）. Clearing, *settlement and custody*. Available at: https://securities.cib.bnpparibas/all-our-solutions/custody-clearing-cash/clearing-settlement-custody/.

俄罗斯央行的外汇储备。然而，只有 45 个国家和地区参加（包括美国、加拿大、澳大利亚、新西兰、日本、韩国、中国台湾地区、新加坡、欧盟 27 国、英国、瑞士、挪威、冰岛、北马其顿、黑山）。巴西、印度、中国、南非、土耳其、墨西哥和印度尼西亚等金融体系发达的大型经济体则没有参与。

根据比利时政府的说法，西方国家的制裁措施已冻结俄罗斯在国际中央证券存管机构——欧洲结算银行持有的约 1966 亿欧元资产，其中属于俄罗斯央行的资产为 1800 亿欧元［来源：英国《金融时报》，劳拉·杜波依斯（Laura Dubois）于 2023 年 5 月 24 日发自布鲁塞尔的报道］。值得注意的是，自 2014 年克里米亚事件以来，鉴于与西方国家关系的持续恶化，俄罗斯已对其海外资产进行了一定程度的重组。迈克尔·桑德布（Michael Sandbu）在《金融时报》称，俄罗斯当前面临的核心挑战是如何保护其剩余外汇储备，以及通过天然气出口持续获得的外汇收入免受制裁影响（2023 年 3 月 9 日，文章标题为《追踪俄罗斯的影子储备——如果你是普京，你会将能源收入的外汇存放在何处？》）。

118

可以肯定的是，莫斯科方面正在积极寻求将大量未受制裁的现金储备转移至西方司法管辖范围之外。普京政权深知，一旦欧洲彻底摆脱对俄罗斯能源的依赖，西方实施制裁的一个重要理由将随之消失。事实上，自 2014 年克里米亚事件以来，俄罗斯一直在努力降低其面对西方制裁措施的脆弱性。基于这一背景，如何最大限度地保护本国免受未来潜在制裁的影响，已成为俄罗斯的必然选择……那么，莫斯科究竟采取了哪些措施来保护其影子储备呢？

在下文中虚构的金融账户中，我们首先假设俄罗斯央行最初是如何持有外汇储备的。俄罗斯央行可能采取什么样的全球金融行动来保护其外汇储备免受西方的潜在制裁？假设这些储备最初是在 G7 国家（译者注：即美国、英国、法国、德国、日本、意大利和加拿大），但俄罗斯认为一旦政治局势发生变化，该国将会对这些外汇债权实施制裁。此外，案例中还假设有两个俄罗斯确信不会跟随西方制裁的第三国（我们称之为"非制裁国"）。我们进行如下假设：

• 俄罗斯与两个非制裁国和 G7 国家之间的汇率为 1∶1∶1（因此不需要考虑汇率因素）。

• G7 国家证券交易的结算在持有银行牌照的中央证券存管机构进行，证券以商业银行货币结算。然而，我们假设转入中央证券存管机构的存款仅用于结算，随后由资金接收方（证券的卖方）转回相关银行。我们不会在中央证券存管机构上显示这种进出存款的转账。

• 在 G7 国家有两家代理行介入。

• 俄罗斯央行总共利用两个非制裁国，这可以使其更顺利地模糊相应的线索和痕迹。

• 俄罗斯央行拥有 A + B + C 三类外汇储备，其最初持有的形式如下："A"为 G7 国家的证券，"B"为在 G7 国家的商业银行（G7 银行 1）的 Nostro 账户存款，"C"为在 G7 国家央行的存款。

俄罗斯央行可以通过下列金融交易和资金支付的流程来隐藏其外币债权：

（1）俄罗斯央行将其在 G7 国家中央证券存管机构持有的 G7 证券出售给 G7 银行 1，并将其在银行 1 的 Nostro 账户贷记金额（a）。

（2）俄罗斯央行指示 G7 银行 1 将其 Nostro 账户（现在等于

"B+a")中的资金转移到非制裁国银行 1 在 G7 国家另一家银行（G7 银行 2）的 Nostro 账户（a+b），b=B。

（3）俄罗斯央行指示 G7 国家中央银行将其持有的资金转移到非制裁国银行 1 在 G7 银行 2 的 Nostro 账户（c）。俄罗斯央行现在将其所有外汇储备作为存款存放在非制裁国银行 1 的 Nostro 账户上。当然，俄罗斯央行也可以采用不同的资产配置（下文中会假设俄罗斯央行将采取一些资产多样化的手段）。

到目前为止，在本例中，资金的流向似乎很明显，因为转账仍然在西方系统中进行，尤其是人们可以观察到相关的 SWIFT 信息。因此，在第一轮交易之后，俄罗斯央行可以通过与其他非制裁国银行进行进一步的资金转移和证券交易，继续模糊其储备的痕迹。由于其后的交易不再对任何西方实体可见，它使得西方不知道俄罗斯央行的资金最终在哪里。

假设俄罗斯央行采取以下行动：

（4）指示非制裁国银行 1 将其整个代理行账户头寸（d=a+b+c）转移到非制裁国银行 2，并在 G7 国家的几家代理行的银行账户之间进行转账（我们假设涉及的两家非制裁国银行使用同一家 G7 国家的代理行，即 G7 银行 2）。

实际上，俄罗斯央行可能会将这些资金分成数笔，分配给几家银行，从而降低透明度，并管理其信用风险敞口。因此，俄罗斯央行可以通过将非制裁国银行 2 作为托管人，将其资金头寸转化为证券持有，在多样化投资的同时降低其对非制裁国银行 2 的信用风险敞口。在此目的下：

（5）俄罗斯央行指示非制裁国银行 2，在 G7 国家的中央证券存管机构从 G7 银行 1 处购买金额为"e"的证券（其中 e<d）。非制裁

国银行 2 指示其在 G7 国家的代理行——G7 银行 2 从其代理行账户
支付（通过将其转入中央证券存管机构的实时全额结算账户，以 G7
银行 1 为受益人）。

　　在下面的账户中，我们展示了受到影响的资产负债表头寸（对
部分内容进行了简化）。这些账户还表明，即使表面上的双边总头寸
发生变化，不同国家之间的跨境金融净头寸也不会因为这些交易而
改变。例如，从 G7 国家的角度来看，可以观察到非制裁国银行 2 对
G7 国家的跨境债权总额最终增加，而非制裁国银行 1 的头寸最初也
会增加，但随后下降。从 G7 国家的角度来看，非制裁国银行 2 对
G7 国家证券再投资前后的财务状况差异并不明显，因为它不知道托
管链。尽管如此，严格来说，证券托管链只是一个托管链条，俄罗斯
央行原则上对托管人没有信用风险（只有托管和法律风险），俄罗斯
央行才是 G7 国家证券的所有者，这与存款链不同，存款链实际上根
本就不是链条：俄罗斯央行对它使用的非制裁国代理行有债权，而该
银行与其负债相匹配的资产仅仅取决于银行的业务（表 8.4）。

表 8.4　保护自身外汇储备不受制裁的案例

俄罗斯			
俄罗斯央行			
在 G7 国家央行的存款	C − c	负债	X
在 G7 银行 1 的 Nostro 账户	B + a − a − b		
在 G7 国家中央证券存管机构的证券	A − a		

（续表）

俄罗斯			
俄罗斯央行			
在G7国家中央证券存管机构的存款			
在非制裁国银行1的Nostro账户	+ a + b + c − d		
在非制裁国银行2的Nostro账户	+ d − e		
在非制裁国银行2的证券	+ e		
G7国家			
G7银行1			
在央行的存款	X − a − b	俄罗斯央行Vostro账户	B + a − a − b
在中央证券存管机构的存款	X + e		
在中央证券存管机构的证券账户	X + a − e		
G7银行2			
在央行的存款	X + a + b + c − e	非制裁国银行1 Vostro账户	X + a + b + c − d
		非制裁国银行2 Vostro账户	X + d − e
G7央行			
其他资产	X	俄罗斯央行存款	C − c
		G7银行1存款	X − a − b + e
		G7银行2存款	X + a + b + c − e

（续表）

G7 国家			
G7 中央证券存管机构			
在央行的存款	X	俄罗斯央行的证券账户	A − a
在中央证券存管机构的已发行证券	X	G7 银行 1 证券账户	X + a − e
		非制裁国银行 2 证券账户	X + e
非制裁国 1			
非制裁国银行 1			
G7 银行 2 Nostro 账户	X + a + b + c − d	俄罗斯央行 Vostro 账户	+ a + b + c − d
G7 中央证券存管机构证券账户	X		
非制裁国 2			
非制裁国银行 2			
G7 银行 2 Nostro 账户	X + d − e	俄罗斯央行 Vostro 账户	+ d − e
G7 中央证券存管机构证券账户	X + e	俄罗斯央行证券账户	+ e

上述案例中的最后一个步骤也可以通过其他方式进行，例如通过进一步延长托管链条的方式进行再投资，俄罗斯央行不是通过非制裁国银行 2 直接在 G7 国家的中央证券存管机构持有证券，而是先在非制裁国银行 2 处持有证券，非制裁国银行 2 再将非制裁国银行 1 作为托管

链条中的第二个托管行，由银行 1 在中央证券存管机构持有证券。在此类情形下，上述财务账户的后半部分将采用以下形式进行（表 8.5）：

表 8.5 在实施制裁时进一步延长托管链

G7 中央证券存管机构			
在央行的存款	X	俄罗斯的证券账户	A − a
在中央证券存管机构的已发行证券	X	G7 银行 1 证券账户	X + a − e
		非制裁国银行 1 证券账户	X + e
非制裁国 1			
非制裁国银行 1			
G7 银行 2 Nostro 账户	X + a + b + c − d	俄罗斯央行 Vostro 账户	+ a + b + c − d
G7 中央证券存管机构证券账户	X + e	非制裁国银行 2 证券账户	+ e
非制裁国 2			
非制裁国银行 2			
G7 银行 2 Nostro 账户	X + d − e	俄罗斯央行 Vostro 账户	+ d − e
非制裁国银行 1 证券账户	+ e	俄罗斯央行证券账户	+ e

8.6 ＴＡＲＧＥＴ２证券

在中央银行货币 DvP 基础上实现证券结算的一种方法是通过欧元区 TARGET2（T2S）系统。从最严格的意义上讲，T2S 系统并不是证券结算系统。相反，它实际上是将参与其中的中央证券存管机构的证券结算业务外包给 T2S 系统平台的方案。T2S 系统通过一种整合模式运行，但与上文所述的情形有所不同。换言之，T2S 系统不是中央银行将证券业务外包给中央证券存管机构，而是中央证券存管机构将证券交付外包给 T2S 系统。此外，在 T2S 系统下，任何现金环节的结算都是通过 T2S 系统（即在中央银行）维护的专用现金账户完成的，而不是中央证券存管机构在中央银行控制的专用现金账户。T2S 系统还采用了一种算法，使现金结算能够在多边净额基础上完成（即 DvP 模型 3），而 T2S 系统能够计算参与者的净现金头寸，从而能够使用出售其他证券获得的流动性来购买证券。最后，参与者也可以通过自动担保，通过 T2S 系统的日内信贷计划获得流动性。[1]

T2S 系统除上述特点之外还进行了一项重要创新，即通过它进行的跨境证券结算类似于欧元体系成员国的国内结算。在 T2S 系统出现之前，参与者必须在不同的中央证券存管机构或通过数家托管人，以进入不同国家的市场。通过引入 T2S 系统，中央证券存管机构之间可以通过 T2S 平台"链接"，使得这种因市场区隔而产生的障碍已经得到解决。

T2S 系统是一种既不会产生任何资产负债也无需维护证券账户（即不是法人实体）的技术服务。以下文中描述的财务账户为例，假定甲从乙处购买了一些证券，金额为"a"。T2S 系统的"控制区域"以灰色阴影部分表示，系统的专用现金账户（Dedicated Cash Accounts, DCA）属于中央银行负债，而银行的证券账户属于中央证券存管机构，但由中央银行外包并控制，从而确保 DvP 结算的进

---

1. ECB（2022c）. *TARGET2-securities annual report 2021*. Frankfurt am Main, May 2022.

行。我们假设银行在其 T2S 系统专用现金账户中已经有足够的流动性来结算本例中的证券交易。事实上，根据 2023 年 3 月实施的政策变更，银行可以在其 T2S 系统的专用现金账户中永久持有流动资金（参见下文中对于 2023 年 3 月变更后银行账户结构的详细分析）。我们还假设在证券交易后，银行专用现金账户中的头寸符合其自身需求，换言之，下文展示的案例中不会涉及专用现金账户内外的任何融资操作或撤资操作。我们还假设所有下单都是在客户端、银行、中央银行和中央证券存管机构层同时完成的（即相对简化了客户层面的各个层次）（表 8.6）。

122

表 8.6　经由 T2S 系统进行的 DvP 结算（T2S 控制区为灰色阴影部分）

甲			
在银行 1 的存款	X – a	其他负债	X
在银行 1 的证券	X + a	权益	X
银行 1			
中央银行的实时全额结算账户	X	其他负债	X
T2S 专用现金账户	X – a	甲的存款账户	X – a
在中央证券存管机构的证券	X + a	甲的证券账户	X + a
其他资产	X	权益	X
银行 2			
中央银行的实时全额结算账户	X	其他负债	X
T2S 专用现金账户	X + a	乙的存款账户	X + a
在中央证券存管机构的证券	X – a	乙的证券账户	X – a
其他资产	X	权益	X

乙			
在银行 2 的存款	X + a	其他负债	X
在银行 2 的证券	X − a	权益	X
欧元系统			
其他资产	X	其他负债	X
		银行 1 的实时全额结算账户	X
		银行 2 的实时全额结算账户	X
		银行 1 T2S 专用现金账户	X − a
		银行 2 T2S 专用现金账户	X + a
中央证券存管机构			
证券	X	银行 1 证券账户	X + a
其他资产	X	银行 2 证券账户	X − a
		其他负债	X
		权益	X

在上文的案例中，我们假设 T2S 系统专用现金账户已经预先融资，因此不需要从实时全额结算账户向在 T2S 系统中需要支付资金的银行（即银行 1）进行转账。为完整起见，有必要提及一项变化——自 2023 年 3 月起，T2S 系统中的银行机构可以利用一个被称为主现金账户（Main Cash Account, MCA）的中央流动性账户管理其流动性，他们可以从该账户为三个专用现金账户进行融资和撤资，即实时全额结算账户、T2S 账户和 TIPS 账户。在货币政策操作框架下提供的存款便利也可以为主现金账户进行融资和撤资。因此，严格意义上来说，银行 1 在欧元系统内的账户结构应当如下表所示，我们描述了银行 1 首先将"b"金额的资金从其主现金账户转移到 T2S 系

统专用现金账户的融资操作。在证券结算后，银行 1 的 T2S 系统专用现金账户将以上文所示的"a"金额借记，然后发生撤资操作，银行 1 将"c"从其 T2S 系统专用现金账户转移到其主现金账户（其中 b > a > c）。专用现金账户之间禁止直接资金转账（表 8.7）。

表 8.7　银行 1 的融资和撤资

欧元系统			
其他资产	X	其他负债	X
		银行 1 主现金账户	X − b + c
		银行 1 实时全额结算专用现金账户	X
		银行 1 T2S 专用现金账户	X + b − c
		银行 1 TIPS 专用现金账户	X
		银行 1 存款便利	X

　　整体而言，T2S 系统是一次成功的实践：尽管名义上中央证券存管机构是自愿参与该系统，但实际上，欧元区所有主要的中央证券存管机构都已经加入或正在加入 T2S 系统，这也是因为从客户的角度出发，出于风险考量，它们也希望能够使用中央银行货币结算证券 DvP 交易，并且使用（中央银行货币下的）单一的流动性池，而不是在各个中央证券存管机构分别使用单独的商业银行资金池结算交易。

9 无担保加密资产、稳定币和央行数字货币

9.1 概述

本章回顾了支付领域的三项创新：①无担保加密资产；②稳定币；③央行数字货币。虽然三者在性质层面差异显著，但它们经常被放在一起讨论，在定义关键术语之后，我们将在下文中解释将三者一同探讨的原因。国际清算银行对于加密资产的一些关键概念进行了比较权威的定义：[1]

• 加密货币（Cryptocurrency，英文也称为 crypto-asset 或 crypto）：一种主要依赖于密码学和分布式账本（或类似）技术的私营部门数字资产。

• 分布式账本技术（Distributed Ledger Technology, DLT）：通过分布式账本保存信息的一种手段，即在多个位置提供数据的数字副本。

• 许可型分布式账本技术（Permissioned DLT）：一种分布式账本技术形式，其中只有一组预先确定的受信任机构可以作为验证节点。

• 无许可型分布式账本技术（Permissionless DLT）：一种分布式账本技术形式，任何参与者均可充当验证节点，（无许可型）区块链

---

1. ECB（2022）. *What is TARGET Instant Payment Settlement（TIPS）?*. Available at: https://www.ecb.europa.eu/paym/target/tips/html/index.en.html.

是该技术的代表。

• 稳定币：一种加密货币，其旨在保持与特定资产（如美元）、资产池或一篮子资产（如特别提款权）的相应价值稳定。

此外，本章还包括央行数字货币相关的定义，例如，欧洲央行在其数字欧元术语表中，对于央行数字货币相关概念界定如下：

• 央行数字货币：通过电子方式记录的中央银行货币负债。

• 零售型央行数字货币：每个人均可以使用的央行数字货币，尤其指银行系统之外的所有各方，例如公民、企业和政府实体。

• 批发型央行数字货币：只有少数金融机构和少数其他各方（政府和金融市场基础设施）可以使用的央行数字货币。批发型央行数字货币实际上已经以"实时全额结算账户余额"的形式，存在于中央银行体系中。

然而，在这些术语中存在一些模棱两可的地方。首先，与欧洲央行的上述定义不同的是，许多其他国家的央行和国际清算银行都将"批发型央行数字货币"一词用于指代"基于分布式账本技术的批发型央行数字货币"，这种定义令人困惑，因为"零售型央行数字货币"一词并不意味着与某种技术相关联，而是泛指向公众提供的任何数字形式的中央银行货币负债。其次，许多人在使用"货币数字化"一词时，似乎指的是转向"基于分布式账本技术记录资金转移的系统"。但事实上，如今的中央银行分类账同样是"数字化的"，采用不同的数据库架构和共识机制并不会使内容变得更加"数字化"。再次，尽管根据国际清算银行的定义，稳定币和无担保加密资产都包含基于分布式账本技术的特征，但两者在功能上存在显著差异。当我们探讨围绕不同结构下的公共政策问题时（例如，由监管机构等公共部门从金融稳定的角度），数据库架构和共识机制本身也不一定就非常重要。

例如，监管部门对 Facebook 的全球稳定币项目"Libra"（后来更名为"Diem"）提出的所有质疑都与该计划中的底层分布式账本技术无关。如果 Libra 在发布时完全没有提及技术细节，仅仅强调其功能愿景，或者假设 Libra 并非基于分布式账本技术，而是采用标准的中央账本技术（例如 PayPal 等其他全球零售支付方式），Libra 同样有可能成为市场主导者。最终，这种稳定币以货币单位计价，由发行人发行并以相应资产为后盾，在功能上接近电子货币结构（要求可兑换，并由银行存款等高流动性资产完全支持）。根据《欧盟电子货币指令》（2009/110/EC）第 2（2）条，"电子货币"是指"以电子方式（包括磁力方式）存储的货币价值，它代表着对于发行方享有的债权，该债权是以进行支付交易收取资金为目的发行的……并被电子货币发行方以外的自然人或法人所接受"。

相较之下，不论是从技术角度而言，还是从被创造的金融客体而言，通过无许可型区块链运行的比特币或以太坊等无担保加密资产都可以被认定为真正的创新。即便人们可能会认为，鉴于无担保加密资产的价值高度不稳定，因此，它们既不适合作为价值储存手段，也不适合作为支付和结算手段，但仍然必须承认这些金融客体的独特性质。

目前看来，无担保加密资产和稳定币的共同之处在于，它们如今都主要应用于同一个领域——加密投资领域，稳定币在无担保加密资产领域与中央银行和商业银行货币领域之间架起了一座桥梁，同时也成为加密交易平台中不可或缺的支付手段。而像 Libra/Diem 这样的稳定币项目则有着更大的野心：它们不仅服务于加密资产投资者，还试图成为其他普通用户的零售支付手段和价值储存工具。

9.2 无担保加密资产

9.2.1 比特币

2007 年，一群软件开发人员引入了一种完全的去中心化簿记概念，[1] 随后，一位化名中本聪（Satoshi Nakamoto）的作者发表了关于"数字现金"的白皮书和源代码。[2] 2009 年 1 月，首批 50 枚比特币诞生。比特币系统通过加密技术使持有者能够保持匿名的同时，公众可以查看哪些地址持有多少比特币，因此比特币区块链是透明的，参与者还可以查阅相关的交易流动等信息。此外，比特币的转让被认为是不可撤销的（不过，这并不排除在民法框架下，当事人请求返还并申请强制执行，进而撤销交易）。

比特币的其他显著功能和组织特征包括：

• 与那些依赖中央对手方或发行方的货币资产不同，比特币系统中没有任何中央机构来维持其稳定性。相反，一个由计算机组成的全球网络负责控制、监测和存储信息，并通过自动激励机制来确保系统的稳定运行。

• 新的比特币是由充当"矿工"的用户创造的，每隔几分钟就会有新的数据包或"区块"被添加到区块链中。

• 比特币的最大数量被限制在 2100 万枚左右，截至 2022 年，大

---

1. Schar, F., & Berentsen, A.（2020）. *Bitcoin, blockchain, and cryptoassets: A comprehensive introduction.* MIT press; Bindseil, U., Papsdorf, P., & Schaaf, J.（2022）. *The encrypted threat: Bitcoin's social cost and regulatory responses*, SUERF Policy Brief No. 262.

2. Nakamoto, S.（2008）. *Bitcoin: A peer-to-peer electronic cash system*, Bitcoin Foundation, November 2008.

约已经有 1900 万枚比特币在流通。

• 为了验证整个区块链及其扩展的有效性，计算机需要为每个区块解决一个数学难题，这一过程被称为"工作量证明"（proof-of-work）机制。矿工通过将交易记录写入公共账本来验证交易。目前，矿工的奖励包括交易手续费以及新创造的比特币铸币税，即比特币的市场价值减去挖矿成本。

更新后的区块链在公共分类账中的所有参与者之间共享。下面的账户表示了两个人之间交换实物的交易（可能是在接受比特币的餐馆里购买披萨，也可能是在暗网上购买的非法武器）。表中的因子"α"指代交易时刻比特币相较于 A 货币（价值为 a）价格的倒数。由于交易并不属于 DvP 结算，因此该交易存在临时债权和结算风险，但为简单起见，这种风险并未在账户中显示。此外，账户中也没有显示在区块验证过程中产生的新比特币，包括转账部分。值得一提的是，有人可能会认为比特币网络实际上并没有真正的资产负债表，因为比特币并不是任何交易对手的负债（表 9.1）。

表 9.1　比特币支付：无服务提供商

国家 A（A 货币）			
甲			
实物商品	X + a	权益	X
比特币	X − a		
银行账户	X		
比特币网络			
总比特币数量	X	甲的比特币	X − αa
		乙的比特币	X + αa
		其他比特币	X

（续表）

国家 A（A 货币）			
乙			
实物商品	X－a	权益	X
比特币	X＋a		
银行账户	X		

正如中本聪所述，使用比特币支付的显著特征在于，比特币交易的发生无需任何金融中介机构为其提供资产负债表，也无需通过任何传统的基础设施、中介机构或支付系统。付款直接通过类似商品的资产发生，并且可以根据其结算周期的频率完成。[1] 但使用比特币作为支付手段的一个主要缺陷在于其价格的不稳定性。

用于验证区块链新区块的工作量证明方法，旨在确保矿工保持足够高的系统运行动力，但在扩展性方面存在难题。由于比特币价格会直接影响挖矿价值，矿工如何调整在挖矿上花费的资源数量，取决于其需解决的加密难题的复杂性。[2] 因此，比特币价格的上涨意味着矿工需要更多的电力来解决难题，进而会导致更大的电力消耗，并增加碳排放，因此，比特币的环境成本与其价格成正比，这反映出比特币固有的低效率问题。

除了能源消耗问题之外，一些研究人员对比特币的基础技术和概念表示担忧。[3] 首先，工作量证明概念是比特币系统的一个重要组成

---

1. Nakamoto, S.（2008）. *Bitcoin: A peer-to-peer electronic cash system*, Bitcoin Foundation, November 2008.
2. De Vries, A.（2021）. Bitcoin boom: What rising prices mean for the network's energy consumption. *Joule*, 5（3）, 509—513.
3. Taleb, N., & N.（2021）. Bitcoin, currencies, and fragility. *Quantitative Finance*, 21（8）, 1249—1255; Avoca（2021）. *Bitcoin: A trojan horse*, 14 Oct 2021, available at:（转下页）

部分，但它通常被认为繁琐且迟缓。其次，迟缓且不透明的定价网络可能会吸引投机性高频算法交易者，进而使得比特币的价格很容易受到相关市场压力的影响。最后，比特币网络也很脆弱，因为它依赖于单一的安全技术，[1] 随着计算技术的进步，这种技术被认为已经过时了，例如，比特币使用的是 20 多年前的安全哈希算法（Secure Hash Algorithm, SHA）。

尽管比特币存在种种缺点，但它的支持者认为，比特币可以将人们从政府控制和中心化实体的权力滥用中解放出来，进而实现"去中心化金融"（Decentralized Finance, DeFi）。去中心化金融将带来个人的金融解放，并且使得货币体系最终民主化（同时参见下一节）。然而，将权力移交给计算机能否可以被视为民主化或解放，这一点也存在争议。通过互助治理或在民选政府的控制下管理市场基础设施似乎是一种更为民主的方式。我们如今观察到的支付与金融中介的治理、运营和组织结构，已囊括分层、分布式节点和中央机构（它们本身可以是国有实体，也可以是会员机构或商业公司），很可能是经济效率和稳定性导致的结果。从任何角度来看，不受控制的、自主的、由计算机管理的支付系统都很难说是一种可取的做法。

一些相对温和的支持观点指出，至少在部分残暴统治的国家，比

（接上页）https://www.linkedin.com/posts/activity-68544111140617818112-NpKx; Acemoglu, D.（2021）. The Bitcoin Fountainhead, *Project Syndicate*, 5 Oct 2021, available at: https://www.project-syndicate.org/commentary/bitcoin-an-appealing-distraction-by-daron-acemoglu-2021-10; Kolbert, E.（2021）. Why bitcoin is bad for the environment. *The New Yorker*, published 22 April 2021. Available at: https://www.newyorker.com/news/daily-comment/why-bitcoin-is-bad-for-the-environment.

1. Avoca（2021）. *Bitcoin: A trojan horse*, 14 Oct 2021, available at: https://www.linkedin.com/posts/activity-68544111140617818112-NpKx.

特币提供了一种不受政府控制的支付和价值储存手段。[1] 例如，一些国家的反对派和受压迫人士可以通过比特币重新获得一些自由和权力。然而，这种观点反过来说也有其弊端：比特币为受压迫者提供的自由，与它为毒贩和网络犯罪分子提供的自由并无二致。因此，这种观点的结论是将比特币的使用仅限于受压迫的国家。

此外，尽管比特币最初被设想为一种分散的支付和结算手段，但比特币的实际支付和结算机制通常依赖于集中的、以利润为导向的公司。通过比特币区块链结算小额支付往往效率低下，而解决这一问题的方式通常是将交易移交给大型托管人来处理，托管人则会在自己的账簿中结算客户之间的支付（例如在萨尔瓦多的 Chivo 钱包中）。[2] 但这需要信任托管人，接受相关风险，并可能要向托管人支付一定费用。然而，这种做法背叛了去中心化金融和比特币背后的意识形态。

这种在现实中经常使用的中间商结算方法如表 9.2 所示。在本例中，每个交易者（如甲）都依赖于一个单独的加密资产服务提供商（Crypto-asset Service Provider, CASP）。结算后，另一方（乙）对交易对手的比特币加密资产服务提供商有债权。在这种模式下，将比特币作为一种支付手段的现实做法（例如在萨尔瓦多）实际上违背了其最初构想和基本原则，包括中本聪提出的核心思想——即克服中央机构在支付中的作用。[3]

相较于传统跨境支付方式而言，无担保加密资产还提供了一种超

---

1. Malekan, O.（2022）. *Re-architecting trust—The curse of history and the crypto cure for money, markets and platforms.* Triple Smoke Stack.

2. Poon, J., & Dryja, T.（2016）. *The Bitcoin lightning network: Scalable off-chain instant payments*, working paper.

3. Nakamoto, S.（2008）. *Bitcoin: A peer-to-peer electronic cash system*, Bitcoin Foundation, November 2008.

越国家管辖边界的全球支付愿景。虽然像比特币这样的网络确实同样可以用于全球支付，但也需要考虑到，传统跨境支付的高成本并非源于传统中央账本支付工具本身的低效，而在很大程度上需要归因于监管要求的成本，例如了解你的客户、反洗钱/反恐融资等。监管机构应该从反洗钱/反恐融资的角度对比特币的国际交易实施同等程度的审查，否则反洗钱/反恐融资监管的有效性将受到损害（因为非法交易往往会转移到比特币网络，这也是目前常见的情形）。因此，比特币的这种所谓的比较优势也将趋于消失。

表 9.2　一个加密资产服务提供商发行比特币存款

国家 A（A 货币）			
甲			
实物商品	X + a	权益	X
比特币存款	X − a		
银行账户	X		
比特币加密资产服务提供商			
比特币	X	甲	X − a
其他资产	X	乙	X + a
银行账户	X	权益	X
比特币网络（比特币）			
比特币总数	X	加密资产服务提供商的比特币	X
		其他比特币	X
乙			
实物商品	X − a	权益	X
比特币存款	X + a		
银行账户	X		

总的来说，我们很可能会得出这样的结论：尽管比特币背后有着理想主义的愿景，其技术成就也相当值得肯定，但支持比特币持续炒作背后的真正原因是比特币投机者的幻想，他们希望通过持有比特币，进而从其价格大幅上涨中获利，正如2021年比特币价格达到峰值时的场景。比特币爱好者流行的一句话叫做"接着穷开心吧"（have fun staying poor），这通常是他们用来嘲讽那些反对或怀疑比特币人士的一种说法，这句话可能很好地概括了如今比特币社区的精神。一些其他为比特币辩护的说法可能一开始是认真的，但如今这些论调越来越多地成了掩盖比特币投机性的说辞。

9.2.2　去中心化金融、以太坊与区块链和分布式账本技术的商业应用

Coinbase以一种充满热情的口吻对于去中心化金融进行了如下定义（Coinbase网站，2023年1月2日）：

> DeFi（或"去中心化金融"）是公共区块链（主要是以太坊）金融服务的统称。有了DeFi，你就可以做通过银行进行的大部分事情——赚取利息、借贷、购买保险、交易衍生品、买卖资产等——但它效率更高，并且不需要文书工作或第三方中介。与一般的加密货币一样，DeFi是全局的、点对点的（意思是直接在两个人之间，而不是通过集中的系统路由）、匿名的、向所有人开放的……DeFi以比特币的基本前提——数字货币为基础，并在其之上进行扩展，创造了一个完整的数字华尔街替代品，而且无需任何相关成本（想想办公楼、交易大厅、银行家工资）。它有可能会创造出更加开放、自由且公平的金融市场，使得任何

131

193

能够连接互联网的人都可以使用。

从许多方面来看，上述愿景都显得言过其实，到目前为止，它还没有真正变成现实，似乎也看不到任何合理的前景。去中心化金融的溢美之词是由一家传统的、中心化的资本主义公司 Coinbase 提出的，而这家公司希望在人类现实和 DeFi 愿景之间提供中介服务，这种状况似乎也与其愿景显得非常矛盾。国际证监会组织则更加中立地将去中心化金融定义为"通常是指提供使用分布式账本技术的金融产品、服务、安排和活动，它通过消除对一些传统金融中介和中心化机构的需求，努力实现传统生态系统的去中介化和去中心化"。[1] 去中心化金融的例子包括加密资产的交易、借贷、衍生品、众筹和支付。

去中心化金融的活动通常通过建立在公共无许可的智能合约平台上的系统进行，其中以太坊区块链最常见。由底层区块链提供结算层服务，智能合约和辅助软件基于这一结算层创建金融产品和服务（协议）。以太坊区块链像比特币一样无需许可，但它还允许集成智能合约。以太坊在 2022 年从效率极低的工作量证明机制转向了"权益证明"（proof-of-stake）。研究估计，这种机制切换使得能耗降低了至少99.84%，[2] 这说明了工作量证明的效率有多差。原则上，以太坊也可以用作支付手段，但它与比特币面临着同样的价格波动问题（例如我们在 2022 年初目睹的情况）。

智能合约是在区块链部署且在区块链执行的代码，并且还具有去中心化功能。[3] 每个去中心化金融解决方案都依赖于多个智能合约来

1. IOSCO（2022）. *IOSCO decentralized finance report, OR01/2022*, March 2022.
2. De Vries, A.（2021）. Bitcoin boom: What rising prices mean for the network's energy consumption. *Joule*, 5（3）, 509—513.
3. IOSCO（2022）. *IOSCO decentralized finance report, OR01/2022*, March 2022.

形成特定的协议。在以太坊当中，定义智能合约的软件代码存储在区块链上并被执行。以太坊矿工对每笔交易（包括触发智能合约的交易）收取费用，费用以以太币计价，这种费用机制也起到了防止滥用网络资源的激励作用。

在区块链领域也有一些其他值得注意的创新。除了前文所述的公共和无许可区块链背景之外，现在还有许多"许可型"（或"私有型"）区块链相关项目，例如 Hyperledger Fabric 和 R3 Corda。Hyperledger Fabric 由 Linux 基金会管理，而 Corda 则由 R3 公司管理。两者都不属于无担保加密资产，而是（一种纯粹的）区块链。例如，Corda 区块链是一个开源平台，旨在帮助相互信任的组织轻松管理法律合同和其他共享数据。该平台使得各种应用程序能够在单一网络上实现互操作。R3 公司推出的 Corda 能够作为金融领域的服务平台。[1]Corda 还致力于实现更高的隐私和安全标准。R3 公司还提供了一些通常由软件供应商支持的服务，例如商业分销平台、全天候技术支持以及发行计划预测等。Corda 为支付和金融市场基础设施面临的问题提供了各种解决方案。例如，它能够在许可型的共享账本上管理数字证券的整个生命周期，允许数字资产在交易对手之间自由转让的同时保持合规性，并确保交易对手与资产的演变保持同步。Corda 还将成为现有基础设施与分布式金融新世界之间的可靠桥梁。它通过为多方提供不可篡改的"单一事实来源"，实现交易核验过程的自动化和简化。交易可以进行加密签名，并仅由相关方存储，以防止敏感数据泄露。此外，还有许多其他公司倡议通过区块链技术改善支付或金融市场基础设施，例如 Ripple，该公司承诺其特定的区块链技术可以

132

---

1. Brown, G. R.（2018）. *The Corda platform: An introduction*. Available at: https://corda.net/content/corda-platform-whitepaper.pdf.

在降低汇款等交易成本的同时，仍能确保交易的可靠性。[1]

9.2.3 2022 年加密货币寒冬

2022 年，加密货币技术（即分布式账本 / 区块链技术）在支付和金融领域遭遇了一系列挫折，而每一次挫折的性质都差异显著：

• Libra/Diem 项目于 2022 年 1 月宣告终止：作为寄希望于让分布式账本 / 区块链技术彻底改变支付方式的尝试之一，Libra 可谓是其中最积极也最有潜力的项目，它于 2019 年由 Facebook 推出（详见下文关于稳定币的章节），其初衷是"希望为消费者和企业带来实质性利益，同时为那些目前面临金融服务不足或完全被排除在传统金融体系之外的人提供支付解决方案"。该项目于 2022 年 1 月底宣布关闭，主要原因在于美国"联邦监管机构发出了项目无法继续推进的信号"。[2]

• 2022 年期间比特币和其他无担保加密资产价格下跌：比特币的价值在 2021 年 11 月达到 69000 美元的峰值，但到 2022 年 6 月中旬降至 17000 美元，并在随后的时间里维持在这一水平，它意味着许多购买比特币并希望从其价格飙涨中获利的投机者最终遭受了巨大的损失。与此同时，那些较早买入比特币并在 2021 年价格高点时卖出的人则赚得盆满钵满。由于比特币缺乏公允价值，人们可能会认为它并不适合作为投资标的，而对比特币的投资更应被归类为赌博行

---

1. AMI-SeCo（2021）. The use of DLT in post-trade processes, report by the *Advisory Groups on Market Infrastructures for Securities and Collateral and for Payments*, April 2021, https://www.ecb. europa.eu/pub/pdf/other/ecb.20210412_useofdltposttradeprocesses～958e3af1c8.en. pdf?2779d0668b55434a0e67174b3f1183a4.

2. Diem（2022）. *Statement by Diem CEO Stuart Levey on the Sale of the Diem Group's Assets to Silvergate.* https://www.diem.com/en-us/updates/stuart-leveystatement-diem-asset-sale/#:～: text = Despite%20giving%20us%20positive%20substantive,have%20done%20today%20to%20 Silvergate.

为，并应受到相应的监管。[1]

• 如 Terra USD 等算法稳定币（algorithmic stablecoins）在 2022 年 5 月失败：[2] 算法稳定币以去中心化的形式发行，类似于无担保加密资产。Terra USD（USTC 币）通过与一种名为 Luna 币的无担保加密资产进行兑换来发行。1 美元的 Luna 币可以兑换 1 美元的 USTC 币，而拥有大量 Luna 币的非营利实体 Luna Foundation Guard 通过买卖 Luna 币间接引导 USTC 币的发行和赎回。随着 USTC 币需求的上升，Luna Foundation Guard 出售了 Luna 币，并用收入补贴了一项加密投资——该投资实际上接近于庞氏骗局。早期投资者从随后投资者的投资中获益，最后的投资者则会损失几乎所有资金。在 2022 年 4 月 5 日峰值期间，Luna 币的市值为 410 亿美元，而未偿还的 USTC 币的市值最高为 187 亿美元。随着加密资产市场价格的大幅下跌，USTC 币投资的退出引发了市场恐慌，导致其与美元脱钩。随后，Luna 币和 USTC 币的市值蒸发了 90% 以上。

• 重要加密资产交易所 FTX 的破产：FTX 是一家位于巴哈马的加密资产交易所，拥有超过 100 万客户，从客户数量上来看是世界第三大交易所。随着批评该交易所商业模式和庞氏骗局等做法的文章发表后，FTX 最终申请破产，并无法满足大量客户的提款需求。11 月 11 日，随着 FTX 申请破产，山姆·班克曼·弗里德（Sam Bankman Fried）辞去首席执行官一职。11 月 12 日，FTX 声称因遭遇黑客攻击损失了 6.59 亿美元，并因此暂停了提款服务。除此次黑客攻击以外，FTX 还被曝出无法解释约 10 亿至 20 亿美元的客户资金去向。其资产

1. Seeman, B.（2022）*The Coinmen*. Independently Published.
2. De Nederlandsche Bank.（2022）. *Crypto-assets: Evolution and policy response*, Occasional Study Nr 06 2022.

负债表显示，FTX 的负债约为 90 亿美元，资产却不足 10 亿美元。

• 非同质化代币（NFT）市场崩溃：非同质化代币通常利用分布式账本 / 区块链技术来确认数字资产的唯一所有权。例如，它们被广泛应用于数字艺术和收藏品领域（如"无聊猿"和"加密朋克"这两个曾经备受追捧的数字艺术系列）。在 2022 年初，NFT 艺术收藏达到了创纪录的估值，其市值约为 170 亿美元，但到 2022 年 10 月，其价值蒸发了 95% 左右。

• 2022 年 11 月，澳大利亚证券交易所（Australian Stock Exchange, ASX）宣布放弃将其结算基础设施迁移到区块链技术的项目，并注销了超过 1.65 亿美元的项目成本：该项目于 2016 年启动，旨在升级现有的清算所电子分册系统（Clearing House Electronic Subregister System, CHESS）。它希望借助区块链和分布式账本技术的发展，通过技术升级缩短结算时间并降低成本，原计划于 2018 年上线。然而，项目多次被推迟，并在咨询公司埃森哲对其进行了负面独立评估后，于 2022年被放弃。"项目的取消代表着全球交易所近年来在寻求利用区块链技术以及实施由比特币推广的开放技术方面遭遇的一次挫折……2016年，ASX 的项目被誉为机构采用区块链技术的旗舰，还帮助其合作伙伴——总部位于纽约的数字资产控股公司（Digital Asset Holdings）从摩根大通、高盛和国际商业机器公司筹集了 3.07 亿美元。"[1]

加密资产和去中心化金融的哪些元素将会复苏，并最终为社会提供价值，只有时间会告诉我们答案。

---

1. del Castillo, M., & Paz, J.（2022）. ASX Chairman Apologizes After Writing Off $165 Million Blockchain Project. *Forbes*. https://www.forbes.com/sites/michaeldelcastillo/2022/11/16/semi nal-blockchain-project%2D%2Dgoes-down-the-drain-chairman-apologizes/?sh = 534f9ece17d3.

9.3　稳定币

9.3.1　部分稳定币项目

"稳定币"（stablecoin）一词首次出现在"Dai 稳定币系统"白皮书中，该文件认为：

> 比特币（BTC）和以太币（ETH）等热门数字资产的波动幅度太大，无法作为日常货币使用。例如，比特币的价值经常经历大幅变动，一天内涨跌幅可能高达 25%，偶尔在一个月的期间内上涨幅度超过 300%。相较之下，Dai 稳定币是一种以担保品支持的加密货币，其价值相对于美元而言是稳定的。我们相信，像 Dai 稳定币这样价值稳定的数字资产对于完全实现区块链技术的潜力而言至关重要。[1]

下一个使用稳定币一词的项目是 Havven，这是一个所谓的"算法"代币项目。[2]Havven 币希望通过供给的内生化，从而稳定货币的购买力。其白皮书第 1.3 节解释称：

> 稳定币是为价格稳定而设计的加密货币。理想情况下，它们

---

1. MakerDAO（2017）. The Dai Stablecoin System. Whitepaper. https://blog.bitmex.com/wpcontent/uploads/2018/06/DAI.pdf.
2. Brooks, S., Jurisevic, A., Spain, M., & Warwick, K.（2018）. A *decentralised payment network and stablecoin, v0.7.* Havven. Available at: https://cryptorating.eu/whitepapers/Havven/havven_ whitepaper.pdf.

在支付方面应该像美元等法偿货币一样有效，并且同时保留其他理想的特质。建立在稳定币上的去中心化支付网络无需许可，进而将带来诸多优势，同时还能消除价格波动性。实现价格稳定的一种方法是生产一种价格以法偿货币价值为目标的代币。

就市值而言，今天最大的稳定币是泰达币（Tether），它声称其"使用熟悉的会计单位，为个人和组织提供了一种强大而分散的价值交换方法"。[1] 泰达币已经成为将资金投入或退出加密交易平台的一种常用手段。2016年泰达币白皮书《泰达币：比特币区块链上的法偿货币》解释说：

> 区块链的创新点在于，它产生了一项可核查且安全加密的全球账本。通过相应资产支持的代币发行人和其他市场参与者可以利用区块链技术以及嵌入式共识系统，以熟悉的、波动较小的货币和资产进行交易。为了维持责任承担并确保交换价格的稳定，我们提出了一种方法来维持加密代币……和与之相关的现实世界资产——法偿货币之间1:1的储备比例。

此外，最具理想主义色彩的全球稳定币项目是Libra，它由Facebook于2019年通过发布白皮书推出。[2] Libra的使命是"建立一个简单的全球支付系统和金融基础设施，并为数十亿人提供支持"，它意味着Libra的愿景是成为一个全球零售支付工具，而不是像其他

---

1. Tether（2016）. Tether: Fiat currencies on the Bitcoin blockchain. tether.to.
2. Libra（2019）. *Libra Association white paper*, June 2019.

稳定币一样，仅充当通往加密投资领域的桥梁。Libra 将通过自己的区块链实施，并由各种资产储备（包括银行存款和短期政府证券）完全支持。Libra 的治理机制被设计成一个联营体（"Libra 协会"），成员包括 Mastercard、PayPal、Visa、Stripe、eBay、Coinbase、Uber 等大牌公司。Facebook 本身则"有望保持领导地位"。这家社交媒体巨头还计划通过运营一个叫做 Calibra 的钱包来维持其影响力。尽管第一份白皮书的重点在于，Libra 作为由主要国际货币加权篮子支持的单一的全球代币，但第二份白皮书则更强调美元、英镑、欧元和新加坡元的单一货币稳定币。[1] 在 Libra 的储备中，由托管行代表 Libra 协会持有支持单一货币稳定币的资产。资产的组成如下：超过 80% 将投资于短期证券（最长剩余期限为 3 个月），这些证券由低信用风险（即标普评级为 A+，穆迪评级为 A1 或更高）的主权国家发行。其余部分将以现金形式持有，隔夜转入货币市场基金。鉴于监管机构的反对，Libra（后更名为 Diem）项目于 2022 年 1 月关闭。

　　Libra/Diem 是迄今为止在零售支付领域（尤其是点对点和电子商务领域）最雄心勃勃的稳定币计划，相较之下，在批发支付领域崭露头角的稳定币则是 Fnality。Fnality 成立于 2019 年，旨在使用由央行资金支持的稳定币，在许可型区块链上结算支付、开展 DvP 和 PvP 交易。Fnality 由一个全球金融机构组成的联营体成立，它们最初希望探索区块链和分布式账本技术如何通过现金资产的代币化来结算证券交易，从而减轻传统金融机构的压力。Fnality 最初以公用事业结算币（Utility Settlement Coin, USC）项目的名义启动，它希望运用点对点数字现金资产的创新方式结算代币化的交易。这一解决方

---

1. Libra（2020）. *Libra Association white paper V2.0*, April 2020.

案旨在支持多种货币，使会员能够对其全球流动性进行综合管理。它还被设计成能够跨多个业务平台进行互操作的模式，支持各类 PvP 和 DvP 金融交易结算。

9.3.2 政策问题及稳定币监管

自从 Facebook 带着 Libra（后来的 Diem）项目出现的那一刻起，国际标准制定者和监管机构就高度关注稳定币的动向，首先有动作的是七国集团稳定币工作组在 2019 年发布的报告。在报告中，国际监管界认可稳定币是一种非常不同的东西，有望改善支付体系，特别是全球支付：

> 稳定币具有加密资产的许多特征，但其特殊性在于，通过将稳定币的价值与资产池的价值联系起来，旨在实现稳定的"代币"价格。因此，稳定币可能更有能力作为一种支付手段和价值储存手段，从而可能有助于发展比现有安排更快、更便宜、更具包容性的全球支付安排。[1]

至少从当前的角度而言，从监管视角出发，底层技术（分布式账本或类似技术）本身不应该产生如此大的影响。从公共政策的角度来看，无论是支付系统政策、货币政策、金融稳定还是消费者保护，只要技术本身是有效且安全的，那么验证和记录资金转移的底层 IT 技术本身就都不重要。从功能的角度来看，全球支付工具可以基于分布式账本和区块链技术，也可以基于中央分类账技术（包括许多类似的

---

1. G7 Working Group on Stablecoins（2019）. *Investigating the impact of global stablecoins*, October 2019, jointly published by the G7, IMF and CPMI.

存储和验证技术），每种技术在某些情况下可能都有其特定的优势，并且不排除在未来，分布式账本技术可能会发挥比今天更大的作用。

如果人们能够从微观或宏观审慎的角度找出分布式账本和区块链技术本身具有重要性的具体原因，那么监管相关支付工具的某些要素时，就应该关注技术本身。然而，尽管监管机构在过去三年里一直在努力制定稳定币的监管规定，但真正与技术相关的监管措施却很少。尽管监管机构和标准制定者在稳定币的定义中包括了基于分布式账本等加密技术，但在考虑监管规则的制定时，它们并没有回到技术上来。在国际层面，稳定币监管的工作正在通过国际清算银行、二十国集团、七国集团、金融稳定理事会、国际证监会组织、巴塞尔委员会、金融行动特别工作组、支付与市场基础设施委员会和其他组织进行。相关出版物没有探讨所谓的稳定币定义层面的技术（包括密码学、分布式账本或类似技术）与监管问题之间的联系。相反，它们讨论的所有问题似乎都适用于基于中央分类账的"传统"全球支付机构。[1] "就像其他任何支付系统或方案一样，如果流动性、结算、运营和网络风险得不到妥善管理，它们就可能会威胁到稳定币安排的运作，进而导致系统不稳定。"[2]

我们应该如何解释这样一种矛盾：一方面，监管机构对一种由技术定义的新型支付安排投入了极大的关注，另一方面，它们似乎又暗示技术对监管而言无关紧要？在不考虑底层 IT 数据库和验证架构，并将技术问题留给操作风险管理的前提下，我们又为什么要对稳定币

---

1. G7 Working Group on Stablecoins（2019）. *Investigating the impact of global stablecoins*, October 2019, jointly published by the G7, IMF and CPMI; CPMI-IOSCO（2021）. *Review of margining practices*. Bank of International Settlements.

2. Panetta, F.（2020）. *The two sides of the（stable）coin, Speech delivered at Salone dei Pagamenti*, 4 November 2020, published on ECB website.

监管采取一种新的方法，而不是采取通用的监管原则来解决类似支付场景中的问题？可能有以下几种潜在解释：

• 第一种解释是，人们认为将分布式账本/区块链技术适用于支付会给行业带来巨大潜力。鉴于加密资产价格近年来的上涨势头，以及人们对于去中心化金融的热情，监管部门可能会认为，2019年稳定币发行人对于加密技术、分布式账本技术和区块链将会带来巨大影响的说法有一定合理性。具体而言，Libra/Diem似乎有望征服全球支付市场，破坏央行、现有支付行业和货币主权的作用。Libra/Diem在其文本中很大程度上依赖于区块链技术和去中心化的优势来改善支付体系（Libra的第一份白皮书确实在2019年被称为"Libra区块链"，甚至在标题中都提到了技术，而"Libra"这个名字也引发了人们对于其通过去中心化金融实现"解放"的错误理解）。在支撑稳定币的技术可靠的前提下（尽管可能存在一些风险），监管机构可能认为，稳定币虽然在功能上与没有基于分布式账本技术的现有支付工具相当，但它可能规模更大，从而引发更严重的政策问题，进而为相关监管举措创造动力。出于对Libra/Diem颠覆性成就的预期感到恐惧，当局对稳定币的担忧也与促进资本流动和破坏货币主权的风险有很大关系。然而，时至今日，稳定币在作为无担保加密资产投资世界与传统支付和金融体系桥梁方面发挥的作用尚且有限，并且即便在国内支付的场景下也尚未成功，就更不用说国际支付了。而对于跨境支付而言，需要提醒的是，受监管的稳定币项目同样也会面临高昂合规成本和法律风险等问题，这一点与任何其他同样受监管的支付工具的影响相同。

• 第二种解释认为，初步来看可能会有不受资产支持的稳定币。所谓的"算法"稳定币——即没有支持的稳定币最初被认为有足够的合理性，或者至少不会被监管当局直接认为是无稽之谈。如果它们是可行的，这种算法稳定币确实会是一种惊人的创新，并且与现有的依赖于 100% 流动资产支持的支付工具大不相同。然而，算法稳定币也被一些人认为并不可行。[1] 在 2022 年 Terra/Luna 项目失败后，监管机构已经不再将算法稳定币纳入它们认为可行的范围，并将新兴的监管范围限制在受到资产支持和可转换的稳定币上。

• 最后一种观点在于，原因在于稳定币不需要发行人。监管机构可能认为，稳定币可以类似于比特币的发行方式，在无许可型区块链上由分散的组织运作，从而不需要任何负责的发行人。这种状态同样可能使其具有高度创新性，进而产生如何将现有监管框架适用于它们的问题。然而，无发行人的稳定币愿景似乎仍然很遥远。

上述三种解释均无法让我们得出必须采取单独的方式监管稳定币的结论。底层 IT 技术似乎并没有改变支付工具的性质、功能或资产负债表逻辑。尽管分布式账本技术和区块链是否必然导致私人发行者在货币发行的范围和规模上占据优势，从而改变全球支付方式，这一点仍有待观察，但这并不影响最终的结论。即使游戏规则发生变化，它也只意味着对全球电子货币支付机构的监管变得更加重要，而不是因为它们所依赖的具体技术。

总而言之，监管机构可以考虑重新审视稳定币的监管方式，而不必将其纳入针对具有大规模和全球影响力的支付机构的功能监管框架中。只有在从公共政策的角度明确技术确实会产生实质性影响的情况下，才应考虑制定针对技术的具体监管规定。

138

---

1. Panetta, F.（2022）. *Crypto dominos: the bursting crypto bubbles and the destiny of digital finance.* https://www.ecb.europa.eu/press/key/date/2022/html/ecb.sp221207_1~7dcbb0e1d0. en.html.

这一结论既没有否定区块链和分布式账本技术在支付领域的潜在优势，也没有忽视全球支付巨头可能对金融稳定和货币主权构成的风险，以及它们在滥用市场力量、损害公民和企业利益方面的可能性。对支付机构和工具的规制、监管和监督仍将是一个重点话题，而公共部门在此领域的努力亦值得肯定。通过重构当前举措，避免监管碎片化，将有助于提升监管效率和一致性。

9.4 央行数字货币

9.4.1 概述

自2016年以来，央行数字货币（Central Bank Digital Currencies, CBDC）的利弊问题引发了国际社会的激烈争议，如今，世界上几乎所有央行似乎都准备有朝一日发行央行数字货币。正如本章开头所提到的，对于"零售型央行数字货币"和"批发型央行数字货币"的区分已经变得愈发普遍，而包括国际清算银行在内的很多主体则对后一个概念进行了比较混乱的解读，认为它是"涉及分布式账本、区块链和代币化等新技术的批发型央行数字货币"。在批发型央行数字货币的背景下出现的问题和在私人稳定币的背景之下出现的问题是一样的：这些新的底层IT数据库和共识/数据验证机制是否改变了游戏规则？即便技术变革显著提升了支付效率，我们是否有理由认为，在功能层面，我们正因新技术而进入一个全新的世界？我们初步的回答是，在批发型央行数字货币下，到目前为止，仍然需要证明这种技术本身可以带来卓越的效率提升；即便如此，这本身也不会改变中央银行货币实际功能和货币政策的基本逻辑。在大多数情况下，通过分析可以认为，似乎许多通常分配给分布式账本技术的属性也可以在单一分类账和中心化共识机制的集中式系统中实现，例如全天候支持或"可编程性"。无许可型区块链和分布式账本技术能够提供的优势似乎在于，它们能够分散地添加代码和功能，并方便地将单个 DvP 和 PvP 交易与特定应用程序的各种条件结合在一起。

因此，在下文中，我们将重点关注零售型央行数字货币：即向社会大众提供电子中央银行货币，终结目前只有银行才能以电子方式获得中央银行货币的方式，而目前除银行之外的其他主体则需要使用纸质形式的中央银行货币。

9.4.2　发行零售型央行数字货币的支持观点与反对意见

央行官员在提及数字货币的好处时，往往指的是希望在数字时代保留中央银行货币的优势。在当前的社会背景下，纸币支付的频率正在急剧下降。从本质上讲，保留中央银行货币的普遍性和使用状态对于经济和社会而言均有益处。尽管在过去的几十年里，几乎所有其他纸质形式的金融工具（如支票、汇票、纸质本票、纸质证券等）都已被取代，而纸币作为一种源于 17 世纪的支付技术，乍一看也是保守过时的。假如我们完全依赖纸币进行支付，意味着与当前的双层货币体系状态存在本质性的差别，这种体系是建立在中央银行和商业银行货币共存的基础上的。在数字时代，保持中央银行货币普遍流通的优势包括：

• 继续提供一种无风险的最终结算媒介，从而在无需建立复杂的债权网络的情况下，实现信用质量较低的各方之间债的更新。

• 维持商业银行货币的可兑换性承诺，它本质上是一种随时将对商业银行的债权转换为中央银行货币的承诺。

• 从公众偏好的角度而非利润的角度为公民设计另一种数字支付方式。对于一个建立在劳动分工基础上的社会来说，货币和支付是一种普遍重要的功能，它甚至是现代社会的核心。

• 在一个具有网络效应的行业中，少数垄断的市场参与者很可能会滥用其市场地位，而中央银行货币的普遍流通能够起到增加市场竞争的效果。

只要纸币能够被足够规模的人作为支付手段，进而形成一定的网络效应，那么以纸币形式存在的中央银行货币就足够有效。然而，在零售支付中使用纸币的趋势正在逐年下滑，在可预见的十年到二十年后，世界上大多数国家很可能将不再使用纸币支付。随着移动设备、数字身份、生物识别和网络支付等方面快速发展，天平将越来越向电子支付的方向倾斜。尽管 21 世纪的我们可能还没有准备好彻底抛弃纸币这种 17 世纪的技术，但如果不发行央行数字货币，就意味着最终接受中央银行货币在零售支付中地位的终结。当然，它并不意味着央行应该停止发行纸币，在可预见的未来，纸币在包容性、网络弹性和隐私性方面仍然保留了一些特定的优势，因此，从事数字货币工作的中央银行也强调，它们不会因此停止发行纸币。

一些人支持央行数字货币，因为它能够更好地实现"主权货币"。在主权货币框架下，银行将会因各种因素而被挤出支付手段的发行地位。此时，银行将不得不通过长期存款和资本市场工具进行融资。从这个角度来看，那些主张央行数字货币的人认为主权货币有许多优势，例如：①改善了金融稳定性，②（通过事前承诺）防止借由纾困名义，用纳税人的钱补贴银行体系，③使公民受益于因货币基础增加而带来的铸币税收入。有人可能会辩称，如果从技术角度来看可行的话，那么单层货币体系会更有效率，因此原则上应该更加可取。但各国央行目前并不接受上述观点，它们仍然认为双层货币体系值得肯定，即商业银行货币能够发挥重要作用，而此时能够保持央行的资产负债表相对精简。

央行数字货币的反对者则仍然坚持认为，纸币是所有人都可以获得的一种普遍且永久的中央银行货币形式，而向公民提供电子化的中央银行货币的想法既有高度创新性，也有危险性。然而，历史经验告诉我们的可能恰恰相反：央行账户的开放并不是什么新鲜事，在纸币出现之前的两个半世纪（从1401年到1661年）以及随后的三个世纪以内（从1664年到1950年左右），从金融稳定的角度来看，中央银行货币都被认为是一种风险更小的货币形式。第一批发行支付手段的公共银行（类似于央行）是以存款的形式，而不是以纸币的形式。[1] 在斯德哥尔摩银行于1661年发明现代纸币之前，至少有六家主要的早期公共中央银行成功发行了被广泛用作支付手段的汇划（giro）存款。这些公共银行原则上允许任何人开立存款账户，即允许任何人将央行负债普遍作为支付手段，它本质上与纸币相同，也与央行数字货币相同。但是，在无法通过电子方式远程获取中央银行货币的情况下，这种服务的范围仅限于那些能够亲自到银行进行交易的人。

反对者对于央行数字货币表达出了两种态度，一种是"恐惧"，另一种则是"轻视"。恐惧的点主要包括两个方面，轻视的点则包括三个方面，具体如下：

---

1. Roberds, W., & Velde, F. R.（2014）. *Early public banks*. Federal Reserve Bank of Atlanta Working Paper Series No. 1014-9; Ugolini, S.（2017）. *The evolution of central banking: theory and history*. Palgrave Macmillan; Bindseil, U.（2019）. *Central Banking before 1800: A rehabilitation*. Oxford University Press.

第一种恐惧的态度：央行数字货币将导致结构性的银行去中介化，带来不受控制的资本流动、央行资产负债表的膨胀和信贷分配的潜在集中化（通过央行对资产配置和抵押品框架的选择），以及在银行危机的情况下加速银行的挤兑。[1] 此外，一些研究试图探讨或提出上述问题的解决方案。例如，有观点认为，分级计息系统可以有效地控制银行脱媒，持有超过一定门槛的央行数字货币时，利息率的下降会对持有央行数字货币构成负向激励，而在发生特殊银行业危机的情形下，持有央行数字货币可能会变得更加缺乏吸引力。[2]

第二种恐惧的态度：央行数字货币会导致公民的支付信息过度集中在中央银行，进而可能增加央行的权力，这不符合公民民主社会的利益。通常而言，央行无法在防范非法支付、确保合规和保护隐私之间找到一个很好的平衡。但央行一般也会表示，它们并不希望搜集单个账户持有人及其支付相关的数据信息。并且央行也可以通过对央行数字货币进行去中心化来避免权力的集中。此外，数据保护是一项立法和社会偏好的一般问题，可以通过法律法规加以完善，而央行显然

1. Cecchetti, S. G., & Schoenholtz, K. L. (2021). Central bank digital currency: The battle for the soul of the financial system. *VoxEU*. https://voxeu.org/article/central-bank-digital-currency-battle-soul-financial-system; Quarles, R. (2021). *Parachute Pants and Central Bank Money, Speech given on June 28, 2021 at the 113th Annual Utah Bankers Association Convention*. Sun Valley. https://www. federalreserve.gov/newsevents/speech/quarles20210628a.htm; Waller, C. (2021). *CBDC: A Solution in Search of a Problem?, Speech given on August 05, 2021 at the American Enterprise Institute, Washington, D.C.*. https://www.federalreserve.gov/newsevents/speech/waller20210805a.htm.

2. Kumhof, M., & Noone, C. (2018). Central bank digital currencies-design principles and balance sheet implications. *Bank of England Staff Working Paper, No. 725*; Bindseil, U., & Panetta, F. (2021). Central bank digital currency remuneration in a world with low or negative nominal interest rates. *VoxEU*. https://voxeu.org/article/cbdc-remuneration-world-low-ornegative-nominal-interest-rates.

也会严格执行立法者制定的各项数据保护要求。最后，国家安全机构通常可以从技术角度访问私人零售支付的数据信息，这也是立法者和政府通常不会通过规则允许其访问数据或者明确其在何种情形能够访问数据的原因。因此，央行数字货币的引入没有改变电子支付本身通常就是不匿名的这一事实，电子支付信息通常也会留下能够被国家安全当局访问的数据踪迹，而防止数据的滥用是政府如何界定和监督数据访问的适当性的问题。

第一种轻视的态度：私人支付方案效率很高，能够很好地服务于所有相关情形，并且仍在不断改进。例如，有观点曾指出，由于数字化和客户服务的改进，零售支付取得了长足的进步，而这也是导致普遍流通的中央银行货币形式（即纸币）吸引力逐年下降，并且随着时间推移逐步被边缘化的原因，它使得当前双层货币结构下商业银行货币与中央银行货币之间的可兑换性显著减弱。[1] 私人电子支付工具方面取得的巨大进步凸显出了一个重要问题，如果央行仍然坚持仅发行纸币，那么未来面向所有人均可使用的中央银行货币可能将不复存在。

第二种轻视的态度：私人支付工具的问题可以通过监管来解决——批判央行数字货币的人士认为，过度依赖私人电子支付工具产生的各类问题都可以通过监管得到解决，例如金融稳定、隐私、安全、防范非法支付或滥用市场支配地位等，因此央行数字货币既不必要也不足以解决这些问题。诚然，监管在零售支付领域至关重要，但这并不意味着仅靠监管就能够维持双层货币体系的优势。此外，监管

---

1. Cecchetti, S. G., & Schoenholtz, K. L.（2021）. Central bank digital currency: The battle for the soul of the financial system. *VoxEU*. https://voxeu.org/article/central-bank-digital-currency-battle-soul-financial-system.

142 往往不是完全有效的，鉴于支付在现代社会中的重要性，将公共零售支付工具作为私人支付手段的一种补充仍然是有意义的。

第三种轻视的态度：央行数字货币将难以维持竞争力，因为央行在这一领域缺乏专业知识和比较优势，也缺乏私营部门普遍存在的灵活性和强大的激励机制，而这些要素是在动态环境中提供具有竞争力的产品的基础。[1] 然而，央行数字货币有许多很好的卖点，例如无与伦比的安全性、规模经济、法偿货币地位、避免滥用市场支配地位等，它们都构成央行发行和使用数字货币的理由。此外，目前用于零售支付的全天候即时结算系统也已经证明，央行拥有开发和运行复杂金融市场基础设施的能力。

9.4.3 央行数字货币创建和转账带来的资金流动

央行数字货币创建过程如表 9.3 的金融账户系统所示。如果居民用央行数字货币替代了纸币，那么央行和商业银行的资产负债表并没有实质性变化。然而，如果居民用央行数字货币替代了商业银行存款，那么这将意味着商业银行的资金损失，并可能导致银行业的"脱媒"。特别是对于低息的活期存款而言，至少一定程度上可能会转为无风险的央行数字货币，从而导致商业银行损失同等规模的资金。为了尽可能地维持自身的存款水平，银行可能不得不尝试为存款提供更

143 优厚的条件——但这也将意味着银行融资成本上升以及商业银行"铸币税"的损失。

---

1. Bofinger, P., & Haas, T.（2021）. Central bank digital currencies risk becoming a gigantic flop. *VoxEU*. https://voxeu.org/article/central-bank-digital-currenciesrisk-becoming-gigantic-flop.

表 9.3　资金流向央行数字货币

国家 X（X 货币）			
甲			
实物商品	X	权益	X
其他资产	X		
银行存款	X − b		
央行数字货币	+ a + b		
纸币	X − a		
银行 X			
其他资产	X	存款	X − b
央行存款	X − b + c	央行贷款	X + c
		权益	X
中央银行 X			
向银行的贷款	X + c	银行存款	X − b + c
其他资产	X	发行纸币	X − a
		央行数字货币	X + a + b
		权益	X

因此，央行数字货币的创建分为两个部分：表中的资金流"a"代表着央行数字货币代替纸币的部分，资金流"b"则代表着央行数字货币代替银行存款的部分。资金流 a 对其他金融账户的影响是中性的，但资金流 b 的影响则不是中性的：存款替代央行数字货币延长了央行的资产负债表，此时，央行不得不通过信贷操作填补商业银行的资金缺口，这一点在上表中以资金流 c 显示（注意，资金流 c 的金额可能与资金流 b 不同，例如，资金流 b 可以通过减少超额准备金来进行部分补偿）。

将存款转变为央行数字货币（即资金流 b）会对银行体系的融资成本产生影响，因为中央银行信贷通常比活期存款的利息更高。此外，从央行借款往往需要商业银行提供担保品，而央行信贷的增加可能会导致担保品稀缺更为严重，从而使得在信贷分配的角度而言，央行的担保品框架至关重要，这也意味着信贷供给过程的集中化。

如果流入央行数字货币的存款会对银行的平均融资成本产生影响，那么银行的贷款利率也可能会上升，这反过来可能会使得央行降低其货币政策利率，以恢复与货币政策立场一致的、适合的金融状态。在新的均衡中，相对于其他形式的融资而言（通过资本市场和非银行中介机构），银行将失去其竞争力，也会丧失一部分市场份额。

一些人还提出了"合成央行数字货币"或"双层央行数字货币"的想法，它实际上类似于一种由中央银行货币支持的稳定币或电子货币机构。在央行和合成央行数字货币的最终持有者之间有一个私人的央行数字货币中介机构，它不仅仅是一个负责分配的代理机构，而且是一个完整意义上的法律中介机构，因为它发行货币负债并对央行拥有债权。即便在其货币负债总是得到 100% 支持的情况下，如果发生操作故障或欺诈等情形，由于私人实体无法兑现其可兑换承诺，最终货币持有人仍可能会遭受损失。假如这种结构更接近"合成央行数字货币"，央行需要：①对不同发行人发行的货币负债施加互操作性要求；②对中介机构的设计方式作出规定，例如确保其中介在任何情况下都不会损害其负债相对于其基础资产（央行资金）的稳健性；③对其进行密切监督。不过，中央银行应该明确指出，这些实体发行的支付手段并不是中央银行货币，央行也并不承担它们的责任。

在下文给出的示例中，我们假设以下情形，甲最初将商业银行存款换成价值为"a"的央行数字货币，并且银行 1 通过中央银行信贷补偿资金的流出（a）。表9.4代表了真正的单层央行数字货币的情形，表9.5则展示了"合成"的情形，即双层央行数字货币或者完全预融资的稳定币或电子货币。在这两种情形下，甲从乙处购买实物商品以后，两人之间发生了央行数字货币的转移（b）。在合成央行数字货币的情况下，假设甲在数字货币发行人1处开设数字货币账户，而乙则在数字货币发行人2处开设数字货币账户。在允许两个合成央行数字货币发行人之间互操作性的基础之上，两人能够实现央行数字货币的转移。

表9.4　单层央行数字货币

国家 X（X 货币）			
甲			
实物商品	$X + b$	权益	X
其他资产	X		
银行存款	$X - a$		
央行数字货币	$+ a - b$		
乙			
实物商品	$X - b$	权益	X
其他资产	X		
银行存款	X		
央行数字货币	$+ b$		
银行			
其他资产	X	甲的存款	$X - a$
央行存款	X	乙的存款	X
		央行贷款	$X + a$
		权益	X

（续表）

国家 X（X 货币）			
中央银行 X			
向银行的贷款	X + a	银行存款	X
其他资产	X	发行钞票	X
		甲的央行数字货币	+ a − b
		乙的央行数字货币	+ b
		权益	X

表 9.5　合成（双层）央行数字货币

国家 X（X 货币）			
甲			
实物商品	X + b	权益	X
其他资产	X		
银行存款	X − a		
合成央行数字货币发行人 1	+ a − b		
乙			
实物商品	X − b	权益	X
其他资产	X		
银行存款	X		
合成央行数字货币发行人 2	+ b		
银行 X			
其他资产	X	甲的存款	X − a
央行存款	X	乙的存款	X
		央行贷款	X + a
		权益	X

（续表）

国家 X（X 货币）			
合成央行数字货币发行人 1			
央行账户	+ a − b	稳定币	+ a − b
合成央行数字货币发行人 2			
央行账户	+ b	稳定币	+ b
中央银行 X			
向银行的贷款	X + a	银行存款	X
其他资产	X	发行钞票	X
		合成央行数字货币发行人 1 账户	+ a − b
		合成央行数字货币发行人 2 账户	+ b
		权益	X

9.4.4 发行央行数字货币：设计方案在实践中的挑战

除了上述基本架构问题以外，央行数字货币的设计是一个涉及各种零售支付前端和后端问题的多维任务。一些设计层面的问题大致包括：

央行数字货币的范围：央行数字货币的功能和应用场景取决于中央银行资金在可用性和实用性方面的差异，或者央行数字货币在哪些方面比商业银行货币更有可能提升社会价值和效率。在从头开始设计央行数字货币时，人们倾向于为其提供最全面且先进的功能，以最具创新性的技术为基础，并涵盖尽可能多的应用场景。在此基础上，有人建议央行数字货币应该：①通过多种形式提供，包括卡、移动支付和计算机访问等，并且与现有的私人解决方案一样方便；②允许完全匿名支付以保护隐私；③允许线下支付；④允许将资金即时转入任何商业银行账户或者直接扣款；⑤可编程，允许用于工业和商业等高级用途的"智能合约"；⑥促进普惠金融（即没有银行账户或手机的人也可以使用）；⑦可供国际使用，以改善跨境支付并加强货币的国际地位。支持拓展央行数字货币功能范围的人认为，中央银行在可信度和规模经济方面处于独特地位，因此，至少在规模和范围较大的货币区域，对基于新技术的全面央行数字货币进行的重大投资具有合理性。数字货币的倡导者还称，过于狭窄的范围可能会使央行数字货币缺乏足够的吸引力，导致需求降低，无法充分实现其潜在优势。但支持缩小央行数字货币职能范围的人的目的可能在于，希望降低央行数字货币对私营部门带来的冲击。他们认为，广泛的央行数字货币可能是一个非常难以管理的项目，而且过度宽泛的使用范围可能会超出用户和政策需求，致使其效率低下。在支付行业，有很多具有前景的功能和技术最终却没有广泛推广的例子。关于央行数字货币使用范围和场景的两种不同观点表明，使用开放的体系结构可能更有好处，此时，如果一些额外功能的前景足够明朗时，就可以将其添加到现有的央行数字货币体系当中。

商业模式（或"补偿"模式）：每一种私人支付工具都依赖于一种所谓的商业模式，它决定了由谁来支付费用，以及整体方案中各个参与者获得费用中的多少比例，从而补偿其成本。例如，Visa 或 Mastercard 等银行卡方案设定了商户费用，而商户费用则由发卡银行、收单银行和方案提供商共享（参见第 3 章）。央行数字货币的商业模式需要鼓励零售支付行业的各个主体积极参与和使用。在设计央行数字货币商业模式时，需要考虑到央行数字货币的三个关键利益相关者：消费者、商家和受监管的中介机构。支付是一个具有网络效应的双边市场，因此激励也取决于他人采取的行动，而最开始面临的利益冲突则可能需要通过设计资金补偿方案来进行调和。

相较私营部门支付生态系统而言，央行数字货币在整体化/效率性与辨识度/自主性两方面存在张力，从理想化的角度来说，央行数字货币的设计需要同时实现以下目标：①使用央行数字货币的行业投资成本最小化（例如依靠现有的标准等）；②不会造成行业对中央银行的过度依赖；③不排挤私人倡议（除非这是有意为之）；④为公民提供独特的价值主张（辨识度）。纸币有很好的辨识度，并且独立于私人电子货币支付工具。但在数字世界中，差别则不那么显著，每个人都将以数字方式支付，私人电子支付工具与央行数字货币共存。需要积极寻找央行数字货币的辨识度，将其设计成更加理想的状态，并且这一目标在经济上也是有意义的。在这种背景下，出现了许多实际问题。例如，央行数字货币应该有自己的移动应用程序，还是应该集成到银行和其他支付服务提供商的支付移动应用程序中？央行可能更希望开发对所有人开放的独立应用程序，从而提升央行数字货币支付和流动性管理服务的知名度和品牌效应，独立应用程序还能够加强央行的控制力和独立性，并且更好地实现保护支付数据隐私的目的。然而，这也意味着需要设计、维护和运行一个单独的央行数字货币移动支付应用程序，并且由一个不同于目前主流支付服务提供商的专业的机构提供服务。此外，还可以通过提供目前私营部门没有的功能和特征来加强央行数字货币的辨识度，例如允许离线支付、增强隐私保护或特殊的外在因素（例如具有显示和生物识别功能的智能卡）。在推行上述功能之前，央行还需要了解为什么私营部门没有提供这些功能，因为很可能是现实中的客户需求不够显著，或者负面效果很大（例如离线支付和隐私保护可能意味着安全性更低，更可能遭到欺诈）。在理想情况下，为什么私人货币工具不提供的功能在央行数字货币的背景之下却是有意义的，央行需要找到一些令人信服的说法。

离线使用：目前，几乎所有的私人支付工具都是"在线"进行的，支付交易需要连接互联网，才能在中央数据库中验证需要借记的账户资金状况等内容。然而，也有一些尝试大规模引入离线支付的解决方案，特别是预付卡，其硬件设备可以预存资金，通过这种方式，在支付的那一刻，只需要在卡的芯片上进行借记。然而，这些尝试都不太成功，问题包括使用率很低、系统维护不便以及使用成本很高等。就央行数字货币而言，可以认为，央行准备发行数字货币的一个原因是纸币使用的减少，而纸币显然是一种离线支付工具，因此，对离线电子支付的需求可能会随着纸币使用的减少而增加。此外，离线支付面临的主要挑战是安全性问题，而控制安全问题最好的方法是依赖安全的硬件组件，并限制离线支付的规模。

法偿货币：博苏（Bossu）等人从不同的法律视角讨论了央行数字货币，[1]包括法偿货币地位的问题。他们将"法偿货币地位"定义为法律赋予一种支付手段或货币"有效而明确地消灭货币债务的权力……货币义务的债务人通过向债权人提供具有法偿货币地位的支付手段，有效地履行其义务"。他们还指出，在实践中，不同司法管辖区如何在法律上实现这一目标并不相同。例如，法偿货币地位可由交易各方以合同方式放弃，它可以采取在商店入口处宣布的形式：如果顾客进入商店，他们将放弃使用法偿货币地位授予的现金的权利，并

1. Bossu, W., Itatani, M., Margulis, C., Rossi, A., Weenink, H., & Yoshinaga, A. (2020). *Legal aspects of central bank digital currency: Central bank and monetary law considerations*. International Monetary Fund. IMF Working Paper WP/20/254.

接受合同规定的电子支付方式。关于数字欧元，欧盟委员会解释说：

> 法偿货币欧元现金的概念……意味着：①收款人原则上接受现金的一般义务；②按面值全额接受现金；③付款人清偿货币债务。由于零售数字欧元将是中央银行货币的另一种形式（数字的，而不是实物形式），它也可以被赋予法偿货币的地位，类似纸币和硬币。法偿货币地位意味着数字欧元应当得到广泛接受。[1]

在央行数字货币的法偿货币地位得到有效执行的情况下，例如对于从合同上放弃法偿货币地位的选择进行限制，就可以有力地支持央行数字货币的使用。与此同时，它也在商业模式和商家费用方面提出了一些问题，因为商家将有义务接受央行数字货币并支付相关的费用。

"可编程"的货币和支付：一些观点希望央行数字货币能够涵盖 *148* 具有高度创新性的使用场景，特别是"可编程性"。可编程性可以用三种方式理解：

• 通过应用程序编程接口（Application Programming Interfaces, APIs）连接到支付网络的机器（验证某些条件）触发支付。即使在今天，任何机器或计算机代码都可以通过 APIs 访问即时支付系统，而系统验证某些条件后可以触发即时支付结算。到目前为止，商业银行货币支付还没有穷尽相关范围和场景，尽管"开放银行"（即授权第三方提供商通过 APIs 访问商业银行账户）允许这种方式，并且在欧

---

1. European Commission（2022）. *Consultation document—Targeted consultation on a digital euro, DG-FISMA*.

洲通过《支付服务指令2》(The Revised Payment Services Directive, PSD2)进行了明文规定（见第3章）。支付可以被称为"可编程"，因为可以通过设置任何程序和条件进而触发支付。

包括德意志联邦银行在内的一些银行机构将可编程支付的想法与区块链和DLT领域联系起来：

> 数字化转型正在产生新的商业模式，进而从根本上改变现有的业务流程……分布式账本技术使用代币来代表真实的商品和服务，并允许这些商品和服务以数字方式进行交易，使得对于服务的编程、自主和自动化成为可能。这也意味着现有的支付系统将面临新的挑战。数字结算的优势能在多大程度上得到有效运用，在很大程度上取决于相关的现金流是否同样可以编程，并且能够与服务同步。可以预见的是，对于资金结算方式的创新将主要基于分布式账本技术，并且可能包含能够控制执行的智能合约。机器对机器支付、物联网支付和按次付费支付都是需要可编程支付来进行资金结算的现实场景。[1]

• 诸如卡托研究所等央行数字货币的批评者对于可编程的央行数字货币表示了担忧，因为它可以使政府对于货币的使用施加限制，例如禁止获得社会福利的人将收到的钱花在烟酒上，或者禁止人们在晚上10点之后用央行数字货币买酒等。包括欧洲央行在内的一些研究

---

1. Deutsche Bundesbank（2020）. *Money in programmable applications-Cross-sector perspectives from the German economy*, Frankfurt am Main, 21 December 2020. Available at: https://www.bundesbank.de/resource/blob/855148/ebaab681009124d4331e8e327cfaf97c/mL/2020-12-21-programmierbare-zahlung-anlage-data.pdf.

数字货币的央行甚至公开表示不会考虑此类功能。

隐私：在一个数字化的世界里，越来越多的信息流动发生在网络中（包括购物、聊天、约会、支付等），数据存储很便宜，并且黑客拥有巨大的资源，甚至经常得到政府的支持，而公民则有保护数据的合法需求。即便是很多非常重视隐私保护的公民，在上网的时候可能也很少在意隐私问题，但这并不代表隐私保护的法定权利并不重要。在几次关于数字欧元的公开讨论中，数据隐私保护都是一项关键议题。从某种程度上来说，如今的中央银行货币形式——现金提供了高度的隐私性。但同时，在电子支付的背景下，基于特定目的而对个人信息的处理也是有必要的。例如，确保交易具有一定水平的可追溯性（因此有必要的临时存储和信息处理）对于实现以下目标非常重要：①对支付的安全处理和查验；②遵守打击非法活动、洗钱、恐怖主义融资和逃税的规则。此外，从商业角度来看，支付数据对于预测消费者潜在偏好和投放定向广告非常有价值，而任何类型的央行数字货币都应该保留用户拒绝将其支付数据用于商业用途的权利。

最能处理上述问题的技术解决方案：零售型央行数字货币是否应该基于"传统"技术，例如当前流行的所有主要私人电子支付解决方案，如卡片、移动支付和电子货币等，还是应该依赖新技术，如区块链和分布式账本技术，取决于新技术可能带来的附加值和风险。集中式分类账是一种普遍且久经考验的方案，能够实现全天候即时结算并且具有可编程性。在开发央行数字货币的情况下，鉴于公共部门的灵活度和创新性较低，并且需要维护央行的声誉，因此，使用传统技术可能是一种更好的方式。

9.5 结论：货币和支付的未来

在人类的历史长河中，货币和支付交易已经存在了许多个世纪，自亚里士多德以来，它们也引发了无数伟大思想家们的关注，正如歌德在《浮士德》中所言："谁又能想到什么傻事或聪明事，是前人没有想到过的？"[1] 在许多文章与演讲中，政策制定者与学者都认为当前的数字化、分布式账本和区块链等新技术会对货币和支付的本质带来根本性的变革。但从目前来看，这种变化真的很突出吗？难道我们不可以认为，尽管在几个世纪以来，货币和支付的形式在多个维度上不断演化，但中央银行和私人支付手段之间的性质和相互作用的基本问题却并未发生改变。例如，有观点认为，"数字化"（特别是迁移到分布式账本技术的意义上）几乎允许任何人创造支付手段，而这会是中央银行探索央行数字货币的动因。

在数字世界里，（几乎）任何拥有密码学和计算机科学专业知识的人都可以创造货币。私人货币的实验如今正在蓬勃发展，这已不足为奇。由于技术的发展，私人货币的发行得到了强劲的复苏……目前有近 9000 种加密货币在使用，其中有一些很重要，也有很多并不成功。[2]

---

1. 歌德：《浮士德：悲剧》第二部，梅菲斯特。
2. Brunnermeier, M., & Landau, J.（2022）. *The digital euro: Policy implications and perspectives.* STUDY—requested by the ECON Committee, European Parliament.

　　然而，每个人都可能试图创造货币的光景似乎是一种老生常谈，它与数字化或密码学无关。几个世纪以来，商人或货币兑换商可以用一个账簿为他人进行储蓄，并且以账面的形式相互支付。这种做法在中世纪晚期欧洲南部几个繁荣的城市国家（如威尼斯或巴塞罗那）取得了大规模的成功。[1] 在部分地区出现了一些大型私人存款银行，它们积累了广泛的信用，并且拥有大规模的转账支付业务。但这也带来了金融稳定和互操作性的问题，进而导致金融监管与早期央行的创建，如巴塞罗那的 Taula de Canvi（15 世纪初）和威尼斯的 Banco di Rialto（16 世纪），特别是后者，它是在广泛明确提及与私人货币创造有关的金融稳定问题的基础上建立的。

　　话虽如此，尽管货币和支付的经济学可能在很大程度上"无法篡改"（immutable，用比特币社区的一个流行术语），但技术的变化仍然相当重要，因为一些参与者可能会丧失份额，并且导致市场动荡。而监管机构和监管者可能无法理解货币在向新形式过渡的过程中引发的普遍风险，从而造成监管模糊和金融不稳定。在货币和支付领域，数字化的趋势已经产生，并且将持续引发变革，进而导致未来数十年内纸币的使用频率大幅下降。一些支付工具和货币发行者会从这一重大转变中受益，而另一些支付工具和货币发行者则可能被边缘化。然而，只要央行不会仅仅固守在 17 世纪的（纸币）技术之内，就直接向公民发行的支付工具而言，中央银行货币将会继续作为支付手段发挥关键作用。

---

1. Kohn, M.（1999）. *Early deposit banking. Working Paper 99—103*, Dartmouth College.

索引

FTX （译者注：一家位于巴哈马的加密资产交易所）
Future of money　货币的未来
FX conversion　外汇兑换
FX settlement　外汇结算
FX spot trade　外汇即期交易
FX swaps　外汇互换
FX trading　外汇交易

G

Global custodian banks　全球托管行
Global stablecoins　全球稳定币
Gridlocks　僵局

H

Herstatt risk　赫斯塔特风险
History of payments　支付的历史

I

Indirect holding　间接持有
Initial margins　初始保证金
Instant credit transfer schemes　即时信用转移方案
Instant cross-border payment　即时跨境支付
Instant payments　即时支付
Integrated model　集成模式
Interchange fee　手续费
Interfaced model　链接模式
Interlinking　互联
International CSD（ICSD）　国际中央证券存管机构
Investment risk　投资风险
IOU-based financial system　基于欠条的金融体系

L

Large value payment systems（LVPS）　大额支付系统
Legal risk　法律风险
Libra （译者注：同 Diem，Facebook 推出的稳定币项目）
Liquidity risk　流动性风险
Liquidity saving mechanism　流动性节省机制
Long position　多头头寸

PvP FX settlement　PvP 外汇结算

R

Real-time gross settlement（RTGS）　实时全额结算

Replacement-cost risk　重置成本风险

Retail CBDC　零售型央行数字货币

Retail payments　零售支付

Retail payment system　零售支付系统

Risk management　风险管理

RT1　（译者注：EBA 清算公司开发的欧洲零售支付系统）

S

Sanctions　制裁

Securities accounts　证券账户

Securities holding chains　证券持有链条

Securities settlement　证券结算

Two-layer banking system　双层银行体系

U

Universal challenges of cross-border payments　跨境支付的普遍挑战

V

Variation margin　变动保证金

Vostro account　你在我这的账户

W

Wholesale CBDC　批发型央行数字货币

Wholesale payments　批发支付

图书在版编目(CIP)数据

支付与金融市场基础设施概论 / (德) 乌尔里希·宾德赛尔 (Ulrich Bindseil), (澳) 乔治·潘特洛普洛斯 (George Pantelopoulos) 著 ; 王秋豪译. -- 上海 : 上海人民出版社, 2025. -- ISBN 978 - 7 - 208 - 19533 - 2

Ⅰ. F830.9

中国国家版本馆 CIP 数据核字第 2025AP1650 号

责任编辑 夏红梅
封面设计 一本好书

支付与金融市场基础设施概论

[德] 乌尔里希·宾德赛尔
[澳] 乔治·潘特洛普洛斯 著

王秋豪 译

出　　版　上海人民出版社
　　　　　(201101　上海市闵行区号景路 159 弄 C 座)
发　　行　上海人民出版社发行中心
印　　刷　上海商务联西印刷有限公司
开　　本　890×1240　1/32
印　　张　8
插　　页　2
字　　数　183,000
版　　次　2025 年 6 月第 1 版
印　　次　2025 年 6 月第 1 次印刷
ISBN 978 - 7 - 208 - 19533 - 2/F · 2914
定　　价　48.00 元